Pierre Rosanvallon

La crise de l'État-providence

Éditions du Seuil

La première édition de cet ouvrage a paru en 1981
aux Éditions du Seuil. Le texte a été entièrement revu,
corrigé et mis à jour à l'occasion de la première édition en poche
en 1984. Il a été à nouveau mis à jour en 1992.

ISBN 978-2-7578-5421-1
(ISBN 978-2-02-005994-7, 1re publication)
(ISBN 978-2-02-006695-2, 1re édition poche)

Introduction

L'État-providence est malade. Le diagnostic est simple : les dépenses sanitaires et sociales croissent beaucoup plus vite que les recettes. D'où un lancinant problème de financement posé depuis vingt ans dans tous les pays industrialisés. Seule solution pour boucher les « trous » : augmenter les prélèvements obligatoires. Tous les experts ont maintenant l'œil rivé sur les taux des prélèvements obligatoires (impôts et cotisations sociales) par rapport au produit intérieur brut (PIB). Il était, en France, de 35 % en 1970, il est passé à 41,7 % en 1980, pour se stabiliser ensuite autour de 44,5 %, avant de franchir en 1990 la barre des 45 %.

Dans un contexte de crise, l'État-providence a cependant joué un rôle positif. Il a contribué à en amortir les effets, de telle sorte que l'économie mondiale n'est pas entrée dans une spirale récessionniste aussi marquée que celle des années 1930. Les économistes parlent à juste titre, à ce propos, de fonction anticyclique des systèmes de protection sociale : l'indemnisation du chômage, pratiquement inexistante en 1930, évite dorénavant que la demande ne s'effondre alors que l'emploi s'amenuise ; les revenus sociaux injectent dans l'économie une masse de pouvoir d'achat relativement indépendante des aléas de la conjoncture.

Combien de temps les choses pourront-elles continuer d'aller ainsi ? L'accroissement des impôts et des charges sociales ne risque-t-il pas de mettre en péril la compétitivité des entreprises et de saper le dynamisme de l'économie ? C'est la question qui est partout posée. Si les choses restent en l'état, la progression des prélèvements obligatoires se poursuivra en effet inexorablement. Si elles continuaient de croître au rythme actuel, les dépenses de santé absorberaient dans trente ans la quasi-totalité des ressources des ménages. Situation certes impossible : il faudra bien continuer à se nourrir, se loger, se cultiver ou se défendre. Mais ces projections ont le mérite de prouver par l'absurde qu'il n'est plus possible de poursuivre dans la voie actuelle. Depuis dix ans, on a partout éludé la question en bricolant : programmes d'économie d'un côté, augmentation des recettes au coup par coup, de l'autre. Dispose-t-on encore d'une marge de manœuvre dans cette voie ? Pour le court terme, peut-être, car il n'y a pas de limite mathématique à la croissance des prélèvements obligatoires. A moyen terme, certainement pas. Dans tous les cas il faudra de plus en plus clairement choisir entre les revenus directs et les revenus indirects. C'est le maintien simultané des uns et des autres à leur niveau actuel qui ne sera plus supportable dans un contexte de croissance très ralentie. On ne pourra pas arrêter la progression des cotisations sociales et des impôts, tout en garantissant une qualité inchangée des services publics et sociaux et le maintien des prestations actuelles. Ou, du moins, ne pourra-t-on plus le garantir à tous. Les problèmes de financement de l'État-providence changent, dans cette mesure même, de nature. Ils ne renvoient plus simplement à des préoccupations d'équilibre des recettes et des dépenses. L'équation économique des années 1970 ne peut plus trouver de réponse sur le seul terrain financier dans les années 1990. C'est au niveau de la société et des rapports sociaux qu'elle se joue. Le véritable enjeu est celui d'*un nouveau contrat social* entre les individus, les groupes et les classes. Le principal blocage de l'État-providence est, finalement, d'ordre culturel et sociologique. La première partie de cet essai a pour objet de développer cette approche et de renouveler les analyses classiques, trop étroitement économiques, de la crise de cet État-providence. Celle-ci doit simultanément être comprise comme crise d'un modèle de développement et crise d'un système donné de rapports sociaux.

Mais, *simultanément,* la question est de savoir si l'État-providence, en tant que forme sociale et politique, peut continuer à rester le seul support des progrès sociaux et l'unique agent de la solidarité sociale. Mon hypothèse est qu'il est nécessaire de déborder le cadre de l'État-providence pour surmonter les tensions qui s'expriment à son propos. La perspective libérale – en œuvre dans un nombre croissant de pays depuis cinq ans – ignore cette dimension du problème. Elle se contente d'opposer, de façon souvent incantatoire, les vertus du marché aux rigidités de l'État redistributeur. J'en analyse précisément la logique dans la deuxième partie du livre. Elle n'a réussi à se développer et à exercer une certaine force de séduction intellectuelle que parce qu'il n'y avait aucune alternative crédible aux formes traditionnelles de l'État-providence. La troisième partie du livre explore les voies et les conditions d'une telle réduction positive de la demande sociale d'État différente du simple retour au marché. Elle ne vise évidemment pas à proposer un programme. Son but est plus modestement de tracer les grandes lignes d'une nouvelle *méthode* du progrès social, complémentaire de l'État-providence, susceptible d'en limiter la croissance tout en permettant de servir de base à une nouvelle étape du développement social.

C'est pour ne pas avoir raisonné en ces termes que les pays sociaux-démocrates sont actuellement en crise profonde. Ils se sont enfermés dans une conception trop étatique de la solidarité et s'avèrent difficilement capables de trouver un second souffle dans une situation de crise. Crise de l'État-providence et crise du modèle social-démocrate traditionnel vont organiquement de pair.

C'est dans ce contexte qu'il faut comprendre la particularité de l'*équation française* actuelle. Nous sommes appelés à rattraper notre « retard » sur les social-démocraties au moment même où les fondements de celles-ci se trouvent partout ébranlés. Mener à la fois une politique social-démocrate et ouvrir la voie à la mise en œuvre d'une *post-social-démocratie.* Cet essai a pour seule ambition d'apporter une première contribution à la définition de ce nouvel espace post-social démocrate [1].

1. On pourra aussi se reporter à B. Bruhnes, M. Foucault, R. Lenoir et P. Rosanvallon, *Sécurité sociale : l'enjeu*, Paris, Syros, 1983.

Première partie

La crise de l'État-providence

1. Peut-on parler de crise de l'État-providence ?

Trois éléments d'analyse sont généralement mis en avant pour formuler un diagnostic de crise de l'État-providence français : il se trouve dans une impasse financière, son efficacité économique et sociale décroît, son développement est contrarié par certaines mutations culturelles en cours. A chacun de ces éléments correspond logiquement une hypothèse explicative sur les raisons de sa croissance antérieure. Examinons-les. Première question : *l'État-providence est-il dans une impasse financière ?*

Ce diagnostic s'appuie sur des données irréfutables : le rythme de croissance des dépenses publiques liées aux politiques sociales et aux mécanismes de redistribution est actuellement beaucoup plus rapide que celui de la production nationale. Il en résulte un accroissement des prélèvements obligatoires (impôts + cotisations sociales) dans le produit national. Les raisons de cette ouverture des ciseaux croissance économique/croissance sociale sont aisées à appréhender. Elle est directement provoquée par la crise et le tassement de la croissance qui en est résulté à partir de 1974 : la production s'est brusquement ralentie alors que les dépenses sociales continuaient à croître « normalement » (c'est-à-dire au rythme antérieur) pour une part, et qu'elles s'accéléraient pour une autre part en raison même de la crise économique (cf. par exemple les dépenses d'indemnisation du chômage). Quelques chiffres traduisent clairement cette situation. De 1970 à 1990, les prélèvements obligatoires sont passés de 35 % à 45 % du produit intérieur brut (PIB). Pour donner un point de repère, de 1959 à 1970, ces prélèvements avaient à peu près évolué au même rythme que la croissance économique alors vigoureuse : ils représentaient 32,8 % du PIB en 1959.

On notera que ce sont bien les cotisations sociales qui expliquent pour l'essentiel cet accroissement relatif. Elles représentaient 9,7 % du PIB en 1959, 12,7 % en 1970 et 20 % en 1990, alors que la pression fiscale restait à peu près stable sur l'ensemble de la période (23,1 % du PIB en 1959, 23,3 % en 1970, 25 % en 1990).

C'est sur ces chiffres éloquents que se fondent aujourd'hui tous ceux qui estiment que « cela ne peut plus durer ». Le rapport du VIIIe Plan résumait en ces termes le problème : « La poursuite de la progression des dépenses publiques, et plus particulièrement des dépenses sociales, à un rythme nettement supérieur à celui du PIB, ne peut être envisagée sans de très graves inconvénients. En effet, ou bien cette progression excessive creuse les déficits publics, au-delà du niveau compatible avec l'équilibre de la balance des paiements et la stabilité de notre monnaie, portant ainsi atteinte à notre compétitivité et de ce fait à notre croissance ; ou bien elle est compensée par une nouvelle aggravation des prélèvements obligatoires qui diminue les marges des entreprises et contribue à la hausse des prix [...]. Dans les deux cas un cercle vicieux se créerait : la diminution de notre compétitivité réduirait nos capacités de croissance et aggraverait le déséquilibre entre le rythme de croissance des dépenses publiques et celui du PIB [...] L'augmentation trop rapide des prestations sociales par rapport aux possibilités de l'économie a pour effet de mettre en péril l'existence même du système de protection sociale. C'est parce qu'il veut préserver l'acquis que le gouvernement souhaite ralentir la croissance des dépenses sociales [1]. »

Le contexte politique a certes évolué depuis la rédaction de ce rapport. Mais les problèmes qu'il pose n'en demeurent pas moins. Cette longue citation exprime finalement assez bien un

1. Rapport du VIIIe Plan, Paris, 1980, p. 78-80.

sentiment largement partagé par les experts, quelles que soient leurs origines : il n'est plus possible de continuer à laisser croître de façon mécanique les prélèvements obligatoires. Ce jugement, fondé sur des faits irrécusables, ne permet pourtant pas de saisir toutes les dimensions de la question. Il est en effet trop globalisant. Il fausse l'intelligence du possible et de l'impossible en superposant implicitement les variables économiques, financières et sociologiques auxquelles se heurte le développement de l'État-providence. Celles-ci sont pourtant loin d'être équivalentes et expriment des contraintes de degrés et de niveaux fort différents.

S'agit-il d'un problème d'équilibre du financement (l'existence d'un déficit) ou de répartition du financement (le partage des cotisations sociales entre les employeurs et les salariés ; le rapport impôts/cotisations sociales) ? S'agit-il d'un problème « conjoncturel », lié à une situation de croissance ralentie, ou d'un problème plus « structurel » : l'impossibilité physique ou sociologique de dépasser un certain taux de prélèvements obligatoires ? Préciser ainsi la question revient à l'éclairer. S'il ne s'agit que de résorber un déficit temporaire, on peut espérer y parvenir par une amélioration de la gestion des organismes concernés en ne modifiant que légèrement la structure et le montant des recettes. Si l'aspect considéré comme déterminant est celui du coût de la politique sociale pour les entreprises, coût jugé comme handicapant leur compétitivité, la question peut se poser en termes de modification de la répartition du financement : modification des rapports entre le salaire direct (le salaire net) et le salaire indirect (les prestations et services sociaux) dans le cadre d'un coût salarial global évoluant plus lentement, ralentissement de la hausse des cotisations sociales compensée par un accroissement de la charge fiscale (c'est ce qu'on appelle la fiscalisation) dont la répartition serait elle-même à examiner.

Dans tous les cas, des solutions financières théoriques existent. Mais elles entraînent des conséquences qui sont d'ordre social et politique parce que dans chacun des cas de figure elles impliquent la modification de l'équilibre social existant entre les individus, les catégories sociales et les agents économiques. C'est en ce sens que l'on peut dire qu'il n'y a pas de véritable crise du financement de l'État-providence. Ce que désigne l'expression « impasse financière », c'est en fait le problème du degré de socialisation tolérable d'un certain nombre de biens et de services.

La question centrale est donc la suivante : *y a-t-il une limite sociologique au développement de l'État-providence et au degré de redistribution que son financement implique ?* En 1974, M. Giscard d'Estaing estimait qu'il y aurait « un véritable changement de société » si les prélèvements obligatoires dépassaient la barre des 40 %. Ils sont aujourd'hui à 45 %. Faut-il donc placer la barre plus haut ? Est-on sûr que la société française ne pourrait aller jusqu'à un taux de 50 %, comme c'est le cas dans d'autres pays ? Peut-on dire comme le rapport du VIIIe Plan que, « si la dérive des prélèvements obligatoires constatée dans le passé continuait, elle aboutirait rapidement à une incompatibilité avec la société d'initiative et de responsabilité choisie par les Français [1] » ?

Raisonnons rétrospectivement : qui, il y a vingt ans, aurait osé prévoir que les prélèvements obligatoires atteindraient leur niveau actuel sans perturbation sociale majeure ? Souvenons-nous qu'en 1926 Keynes écrivait une lettre ouverte au ministère français des Finances [2] dans laquelle il estimait impossible « d'un point de vue politique » que les dépenses publiques puissent atteindre le quart du revenu national. Elle est longue la liste de tous ces économistes qui, de Léon Say au XIXe siècle à Colin Clark au XXe siècle, estimaient structurellement insupportable par le système une nouvelle croissance des dépenses

1. *Op. cit.*, p. 78.
2. Keynes, *Essais de persuasion*, Paris, 1933, p. 74.

sociales. Chacun d'entre eux voyait les « limites » de l'État-providence déjà atteintes alors qu'elles ne cessaient de reculer dans les faits. Mais, à l'inverse, pouvons-nous projeter dans l'avenir ce constat rétrospectif et spéculer sur un nouvel élargissement de ces limites ? Ou sommes-nous réellement proches des « vraies » limites ?

Cette façon de poser le problème ne serait finalement pas très éclairante s'il ne s'agissait que d'opposer une affirmation optimiste à une opinion pessimiste.

Il est par ailleurs frappant de constater à quel point cette spéculation « libérale » sur les limites de l'État-providence reproduit les impasses du discours marxiste classique sur les crises et les contradictions du capitalisme : comme si l'annonce continuelle de son effondrement ne pouvait pas être éternellement retardée et qu'il fallait bien que cela arrive un jour, demain peut-être. La plupart des analyses marxistes de l'État-providence sont en effet également fondées sur cette idée de limite-rupture [1]. Au fond, c'est l'idée même de crise, comme rupture, franchissement mécanique d'un seuil, dépassement d'une borne logique ou objective, qu'elle soit exprimée dans une optique libérale ou marxiste, qu'il s'agit de remettre en cause. Le même seuil quantitatif peut prendre des significations très différentes. Prenons un exemple. Lors des élections présidentielles de 1974, le débat était centré sur les nationalisations. Les nationalisations prévues par le Programme commun de gouvernement, entendait-on dire, bouleverseraient l'équilibre économique. En socialisant 5 % de l'offre, elles feraient franchir à l'économie un seuil fatidique remettant en cause le dynamisme du secteur privé. Paradoxalement, la socialisation s'est accrue beaucoup plus rapidement, de près de 8 %, sous le seul effet de l'augmentation des dépenses sociales, par le biais de la demande.

Et pourtant, il reste clair pour tous les Français que cela

1. Cf. annexe, « L'analyse marxiste de l'État-providence » (fiche 7).

n'a pas le même sens. C'est pourquoi on ne peut fixer *a priori* de limites infranchissables à l'État-providence qui seraient déduites d'une analyse strictement économique et financière. Wagner, le grand théoricien allemand de l'État social, à la fin du XIXe siècle, estimait à juste titre que les contraintes et les difficultés financières finissent toujours par se résoudre dès lors qu'elles ne sont que la conséquence d'un « mouvement de civilisation [1] ». Cela revient à dire que, s'il y a des limites, elles ne peuvent être que sociétales ou culturelles.

Le véritable objet d'une interrogation sur l'avenir de l'État-providence, c'est la société elle-même : quelle est la plasticité des rapports sociaux ? Comment analyser les rigidités et les flexibilités de la structure sociale ?

Affirmer de ce point de vue que le développement de l'État-providence est contrarié par de nouvelles attitudes culturelles face à l'État (volonté d'une plus grande autonomie des individus, sentiment d'être saisi anonymement par une vaste machine bureaucratique, etc.) ne fait que redire en termes souvent vagues et difficiles à cerner cette interrogation fondamentale sur l'évolution de la structure sociale : comment l'État compose-t-il et décompose-t-il le social, comment met-il en forme les rapports entre les individus ?

S'il faut parler de crise, c'est en ces termes.

De la même façon, c'est de cette manière qu'il faut appréhender le problème de l'efficacité de l'État-providence. Si la baisse d'efficacité est analysée en termes de « contre-productivité » au sens qu'Illich a donné à ce terme, c'est en effet une caractéristique générale à toutes les grandes organisations : les grandes administrations ne sauraient être considérées comme essentiellement différentes des entreprises géantes à cet égard. Si c'est son efficacité sociale qui est en déclin, ce qui reste à

1. Cf. annexe, « Bismarck et la formation de l'" État social " en Allemagne » (fiche 4).

démontrer [1], c'est à partir de l'évolution de la structure sociale et du rapport que l'État entretient avec elle qu'il faut essayer de la comprendre.

Dans tous les cas, il me semble donc que c'est prioritairement en termes sociologiques et politiques qu'il faut aborder les problèmes actuels de l'État-providence.

1. Cf. indications bibliographiques sur ce sujet dans l'annexe « Les prélèvements obligatoires en France » (fiche 12).

2. L'ébranlement intellectuel de l'État-providence

L'interrogation sur les limites renvoie toujours aux origines. C'est aux fondements de l'État-providence qu'il faut retourner pour comprendre la nature du doute qui rend son avenir incertain. Comment les localiser?

Mon hypothèse est qu'il est impossible de comprendre la dynamique de cet État-providence lorsqu'on en fait une lecture historique trop « courte ». Par lecture courte, j'entends le fait de situer son développement par rapport aux mouvements du capitalisme et du socialisme au XIXe et au XXe siècle. Lire l'État-providence comme un ersatz de socialisme, un mi-chemin entre le capitalisme et le socialisme qui définirait le lieu de la tentative social-démocrate, ou comme un mouvement compensateur destiné à corriger les déséquilibres économiques et sociaux du capitalisme, n'est finalement pas très éclairant. On ne fait en effet dans les deux cas que renvoyer la dynamique de l'État-providence à celle du capitalisme. La question est seulement déplacée. L'énigme ne fait que changer d'objet, et cet objet est aussi insaisissable que le premier. C'est la raison pour laquelle les théories libérale et marxiste échouent également à saisir le mouvement de l'État-providence, échec clairement signifié par la nature de leur discours sur ses limites, comme je l'ai précédemment montré.

Ce n'est pas le capitalisme, avec ses contradictions et sa « logique », avec la lutte des classes qui l'accompagne, qui donne la clef du ressort de l'État-providence. C'est ailleurs qu'il faut chercher : dans le mouvement même de l'État-nation moderne. Je précise cette hypothèse en formulant deux propositions :

1° L'État-providence du XXe siècle est un approfondissement et une extension de l'État-protecteur « classique ».

2° L'État-protecteur définit l'État moderne comme forme politique spécifique.

Ce sont ces deux propositions qu'il faut maintenant examiner. L'État moderne, tel qu'il est pensé et forgé du XIVe au XVIIIe siècle, se définit comme État-protecteur. C'est ce qui le distingue de toutes les formes politiques antérieures de souveraineté [1].

Prenons deux exemples de formulation de cette modernité, *le Léviathan* de Hobbes et le *Deuxième traité de gouvernement civil* de Locke. L'État nouveau dont ils élaborent l'architecture intellectuelle est fondé sur la réalisation d'une double tâche : la production de la sécurité et la réduction de l'incertitude. Penser l'État et reconnaître le droit des individus à la protection, c'est pour eux la même chose. Ce sont les deux moments d'une affirmation unique. « Le but de la République est la sécurité des particuliers », dira Hobbes. La naissance de l'individu et celle de l'État moderne participent ainsi du même mouvement. L'un ne saurait exister sans l'autre. C'est l'État qui fait exister l'individu comme sujet, et donc avec des droits, parce qu'il se donne pour objet de protéger ceux-ci : pas d'État-protecteur sans individu porteur de droits, pas d'individu réalisant ces droits sans État-protecteur.

C'est le contrat social qui assure la commutation entre ces deux moments en instituant « un pouvoir commun, apte à défendre les gens de l'attaque des étrangers et des torts qu'ils pourraient se faire les uns aux autres » *(le Léviathan* [2]*)*.

Le premier droit de l'individu reconnu comme sujet central du politique, c'est ainsi le droit à la vie. Il échange sa soumission, ou sa participation selon les diverses formes de ce contrat social, contre cette garantie fondamentale : être protégé dans son intégrité physique contre toutes les menaces de violence intérieure.

1. Cette partie du raisonnement, s'insérant dans une réflexion beaucoup plus vaste menée par ailleurs, n'est volontairement présentée ici qu'à grands traits schématiques.

2. Éd. Tricot, Paris, Sirey, 1971, p. 117.

Le passage de l'état de nature à l'état civil réalisé par l'État consiste à produire la paix civile.

Mais cette sûreté des individus implique également la reconnaissance et la garantie d'un autre droit, celui de propriété. « En effet, écrit Hobbes, là où il n'est point de République, il existe, comme on l'a précédemment montré, une guerre perpétuelle de chaque homme contre son prochain : toute chose y appartient donc à celui qui l'obtient et la garde de force : ce qui n'est ni *propriété,* ni *communauté,* mais *incertitude (le Léviathan*[1]*).* La propriété est le prolongement, l'attribut indissociable de l'individu. Elle le définit et le protège en même temps. Parce qu'elle consiste « dans la détermination du *mien,* du *tien* et du *sien* », elle limite la violence sociale. Le droit de propriété est réducteur d'incertitude et producteur de sécurité. Individu, propriété, État-protecteur sont indissociables. « La fin capitale et principale, en vue de laquelle les hommes s'associent dans des républiques et se soumettent à des gouvernements, c'est la *conservation de leur propriété* », dira ainsi Locke *(Deuxième traité*[2]*).* C'est à ce socle intellectuel qu'il faut se référer pour comprendre le ressort de l'État-protecteur, producteur de sécurité et réducteur d'incertitudes : *l'État moderne, au sens que nous avons donné à cette expression, ne peut se penser que comme État-protecteur* (proposition 1). Mais comment s'est opéré le passage de cette conception protectrice à la conception providentielle de l'État? L'État-providence est en effet beaucoup plus complexe que l'État-protecteur : il n'a pas seulement pour fonction de protéger des acquis (la vie ou la propriété); il vise également des actions positives (de redistribution de revenus, de réglementation des rapports sociaux, de prise en charge de certains services collectifs, etc.).

Le passage de l'un à l'autre peut s'appréhender comme un double mouvement de radicalisation et de correction.

1. *Op. cit.,* p. 262.
2. Éd. B. Gilson, Paris, Vrin, 1967, p. 146.

L'État-providence doit d'abord être compris comme une radicalisation, c'est-à-dire une extension et un approfondissement de l'État-protecteur « classique ».

Cette radicalisation s'opère à partir de la fin du XVIIIe siècle, sous l'effet du mouvement démocratique et égalitaire. La protection de la propriété et de la vie par l'État s'élargit à de nouveaux droits. L'article 21 de la Déclaration des droits de l'homme et du citoyen affirmera par exemple : « Les secours publics sont une dette sacrée. La société doit la subsistance aux citoyens malheureux, soit en leur procurant du travail soit en assurant les moyens d'exister à ceux qui sont hors d'état de travailler. » Les droits économiques et sociaux apparaissent naturellement comme un prolongement des droits civiques. Si le « véritable citoyen » ne peut être que propriétaire, il faut faire de tous les citoyens qui ne le sont pas des « quasi-propriétaires », c'est-à-dire instituer des mécanismes sociaux qui leur donnent un équivalent de la sécurité et de la sûreté que la société garantit. Locke disait déjà, ce qui constituera une évidence à la fin du XVIIIe : « La conservation de la propriété est la fin du gouvernement et celle que les hommes poursuivent lorsqu'ils entrent en société; il faut donc nécessairement admettre que les gens soient propriétaires de quelque chose, sinon, cela supposerait qu'ils perdent, quand ils s'associent, ce qu'ils voulaient obtenir en s'associant, absurdité si grossière que nul n'oserait la soutenir [1]. »

Le mouvement démocratique ne fera rien d'autre que de revendiquer les droits complets de la citoyenneté pour tous les individus, le droit de suffrage mais aussi le droit de protection économique, qu'il soit garanti par une propriété réelle ou par des mécanismes qui se substituent à ses effets. C'est dans cette perspective qu'il faut comprendre les premières formulations du droit au travail, nous dirions aujourd'hui du droit à l'emploi, telles qu'elles apparaissent par exemple dans les fameux rapports du Comité de mendicité de la Constituante établis par La Rochefou-

1. *Op. cit.*, p. 155.

cauld-Liancourt en 1790. Le programme qu'ils préconisaient visait à la fois à multiplier les propriétaires, par le travail et surtout la vente des biens nationaux, et à mettre en place des mécanismes d'assistance publique pour les indigents [1].

Les textes de la Convention iront naturellement plus loin, comme on peut s'en rendre compte en lisant le rapport Barrère du 11 mai 1794 : « Dans une République bien ordonnée, chaque citoyen a quelque propriété, l'aumône n'y flétrit pas le courage; l'aristocratie déguisée en charité publique n'y commande pas la servitude, le nom de mendiant est ignoré, et la République seule peut exécuter la grande loi de la bienfaisance universelle, par des règlements sages et une économie raisonnée. Oui, je parle ici de leurs droits parce que, dans une démocratie qui s'organise, tout doit tendre à élever chaque citoyen au-dessus du premier besoin, par le travail s'il est valide; par l'éducation s'il est enfant; et par le secours s'il est invalide ou dans la vieillesse. N'oublions jamais que le citoyen d'une République ne peut faire un pas sans marcher sur son territoire, sur sa propriété [2]. » Les républicains de progrès de la fin du XIXe siècle et les artisans du système actuel de sécurité sociale en 1945 ne diront pas autre chose. *C'est en ce sens que l'État-providence n'est qu'une extension et un prolongement de l'État-protecteur* (proposition 2). Non pas, bien sûr, qu'ils aient la même forme et qu'ils s'appuient sur les mêmes institutions : mais parce qu'ils se fondent sur une même représentation de l'individu et de ses rapports à l'État.

Il est également un autre élément à prendre en compte pour situer l'État-providence par rapport à l'État-protecteur : il est lié à la représentation que la société se fait d'elle-même.

Les premières théories de l'État se fondent sur une représentation organique de la société et de l'État : ils sont pensés sous la

1. On trouvera de plus amples développements sur ces thèmes dans H. Hatzfeld, *Du paupérisme à la sécurité sociale,* Paris, Colin, 1971 et dans Jacqueline Hecht, « Trois précurseurs de la Sécurité sociale », *Population,* janvier 1959.

2. Cité par Hatzfeld, *op. cit.*, p. 280.

forme du *corps*, corps politique et corps social étroitement imbriqués, le premier étant à la fois la forme d'ensemble et la tête du second. Les modes d'expression de la solidarité qui lui correspondent sont alors nécessairement conçus comme devant être incorporés dans l'épaisseur du corps social, encastrés dans les relations sociales les plus élémentaires de voisinage, de famille, de paroisse. L'affirmation de l'individu sur laquelle se fonde l'État moderne à ses débuts est essentiellement philosophique et politique. La formation progressive d'une représentation élargie de l'individu, dans sa dimension économique et sociale, se fera sous la pression de l'économie politique. Il en résultera une représentation plus « biologique » de la société : celle de la *société de marché*[1]. Le développement de l'État-protecteur en État-providence correspond dans cette perspective à une nécessité de corriger et de compenser les effets d'un certain « désencastrement » social, pour reprendre le langage de Polanyi. D'où une troisième proposition sur laquelle nous reviendrons dans les pages suivantes : *le passage de l'État-protecteur à l'État-providence traduit, au niveau des représentations de l'État, le mouvement dans lequel la société cesse de se penser comme un corps pour se concevoir comme un marché.*

Il faut enfin resituer cette question dans le grand mouvement de laïcisation politique moderne. L'expression même d'État-providence est d'ailleurs significative[2]. Elle commence à apparaître vers le milieu du XIXe siècle, avec un sens de réprobation, sous la plume de certains auteurs dits de l' « économie politique chrétienne ». J'en tire une quatrième proposition : *l'État-providence exprime l'idée de substituer à l'incertitude de la providence religieuse la certitude de la providence étatique.* Il est en ce sens l'État qui achève sa sécularisation en transférant dans ses prérogatives régulières les bienfaits aléatoires que seule la

1. Cf. P. Rosanvallon, « Boisguilbert et la genèse de l'État moderne », *Esprit*, janvier 1982.

2. Cf. annexe, « Origine de l'expression " État-providence " » (fiche 1).

puissance divine était censée pouvoir dispenser. Il se donne pour tâche de racheter *hic et nunc* les inégalités de « nature » ou les infortunes du sort. L'État-providence est le dernier mot de l'État laïc : après que l'État-protecteur eut affirmé sa souveraineté en s'émancipant du religieux, il en efface les derniers signes en l'intégrant. Aux aléas de la charité et de la providence succèdent les régularités de l'État [1].

La mise au point des techniques de l'assurance donnera son plein effet à ce mouvement. L'État-protecteur (de sûreté) pourra devenir un État-providence (d'assurance). De ce point de vue, les mécanismes de l'assurance ne sont d'ailleurs pas contradictoires avec ceux de la main invisible. A la limite, la technologie assurantielle n'est même qu'un complément, une variante de la main invisible. Dans les deux cas, il y a production d'un ordre global fondé sur la seule recherche des intérêts personnels. L'assurance, comme la main invisible, produit les mêmes effets qu'une « bienveillance certaine » : chacun, lorsqu'il s'assure face aux risques, ne pense qu'à son seul intérêt et il en résulte un financement collectif des accidents individuels [2].

1. Hobbes avait déjà écrit dans cette direction : « Attendu que beaucoup d'hommes deviennent, par suite de circonstances inévitables, inaptes à subvenir à leurs besoins par leur travail, ils ne doivent pas être abandonnés à la charité des personnes privées : c'est aux lois de la République d'y pourvoir, dans toute la mesure requise par les nécessités de la nature. En effet, de même que c'est un manque de charité, de la part de chacun, de ne pas se soucier des invalides, c'en est un aussi, de la part du souverain d'une République, que de les exposer au *hasard d'une charité aussi incertaine* » (*le Léviathan, op. cit.*, p. 369). C'est sur cette base que Tönnies estimera avec quelque exagération que Hobbes aurait « préfiguré » le socialisme d'État allemand. Cf. Tönnies, *Hobbes. Leben und Lehre,* 1896. On pourrait également développer ici toute l'ambiguïté du terme de providence chez Smith qui oscille, dans la *Théorie des sentiments moraux,* entre une conception religieuse et artificialiste, et une conception mécanique. Ce problème est au centre de l'évolution du concept de « main invisible » chez lui. De ce point de vue il serait légitime de distinguer deux représentations parallèles : le marché-providence et l'État-providence.

2. Nous laissons là de côté la question de l'*obligation* de s'assurer, bien que

Cette transformation est liée à la découverte des lois mathématiques de la statistique qui aide en effet à rendre tout simplement pensable la maîtrise de l'aléa. A l'origine de ce bouleversement, l'*Ars conjectandi* de Jacques Bernoulli dans lequel il pose que « la probabilité [...] est un degré de certitude » (14ᵉ partie, chap. I). Affirmation d'une portée considérable. A partir de là, tout peut pratiquement changer. L'État-providence est véritablement devenu techniquement possible : il peut gérer les risques et les aléas avec la même aisance que les régularités dont il est coutumier. Du traité *De la manière de raisonner dans les jeux de hasard* de Huygens à la *Mathématique sociale* de Condorcet, des travaux de Moheau à ceux de Quételet, la technique de la gestion des risques et la maîtrise statistique du hasard ouvrent des perspectives nouvelles (dont Bernoulli avait eu l'intuition puisqu'il avait formé le projet d'appliquer ses découvertes aux affaires civiles, morales et politiques). Cela mène à ma dernière proposition : *c'est l'idée de probabilité statistique qui rend pratiquement possible et théoriquement pensable l'intégration de l'idée de Providence dans l'État.* L'État-providence est le fils des techniques modernes de l'assurance. Adolf Wagner, le fondateur du *Verein für Sozialpolitik,* l'un des principaux théoriciens de l'État social germanique, écrira que l'État est « le grand assureur naturel [1] ».

Je résume ces propositions :

1. *L'État moderne se définit fondamentalement comme un État-protecteur.*

2. *L'État-providence est une extension et un approfondissement de l'État-protecteur.*

3. *Le passage de l'État-protecteur à l'État-providence accom-*

l'État-providence moderne implique cette obligation. Cf. sur ce point tous les débats lors du vote des premières lois sociales.

1. Sur Wagner, se reporter à la fiche 4 en annexe.

pagne le mouvement par lequel la société cesse de se penser sur le modèle du corps pour se concevoir sous le mode du marché.

4. *L'État-providence vise à substituer à l'incertitude de la providence religieuse la certitude de la providence étatique.*

5. *C'est la notion de probabilité statistique qui rend pratiquement possible et théoriquement pensable l'intégration de l'idée de Providence dans l'État.*

Ce bref détour intellectuel et historique n'est pas sans importance. Il montre l'ampleur des enjeux qui sont en cause dans l'interrogation actuelle dont l'État-providence fait l'objet. Il contribue également à clarifier la question des origines et de la dynamique de cet État-providence, alors que la plupart des auteurs se contentent de distinguer les conditions du passage des systèmes d'assistance aux mécanismes d'assurance au XIXe siècle et font tour à tour d'Élisabeth Ire (qui établit en 1601 les fameuses premières *poor laws*), de Bismarck ou de Keynes les grands précurseurs de l'État-providence moderne.

Mon approche, fondée sur la distinction entre État-protecteur et État-providence, et la précision de leurs rapports, permet en outre de mieux comprendre pourquoi c'est lors des grandes crises, qu'elles soient sociales, économiques ou internationales (les guerres), que l'État-providence a progressé au XIXe et au XXe siècle.

La théorie marxiste explique ce phénomène d'une façon qui est bien connue. Le développement des fonctions de l'État, qu'elles soient économiques ou sociales, n'étant compris que comme réponse aux contradictions et aux exigences de l'économie capitaliste, la croissance de l'État-providence à la faveur des crises est analysée, soit comme la réponse nécessaire à la tendance du capital à la suraccumulation (thèse de la dévalorisation), soit comme la compensation d'un déficit de légitimité sociale (thèses d'Habermas ou de O'Connor sur la légitimation).

Je suggère une autre explication, plus philosophique et politique, cohérente avec mon analyse précédente. Si l'État-providence progresse par bonds, *notamment* à l'occasion des crises, c'est parce que *ces périodes constituent des temps d'épreuve à la faveur desquels il y a reformulation plus ou moins explicite du contrat social.* L'expérience de la guerre est particulièrement significative. Tout se passe pendant et à l'issue de ces périodes comme s'il y avait eu un acte de refondation sociale et donc de réaffirmation, chaque fois accentuée, de la nature de l'État-protecteur/providence. Ce mouvement est particulièrement net après les Première et Seconde Guerres mondiales. Le rapport Beveridge de 1942 est particulièrement éloquent à cet égard. Il parle de l'abolition du besoin par le système de sécurité sociale comme d'un *practicable post-war aim* (un objectif praticable de l'après-guerre). Il s'agit pour lui de préparer la paix dans la guerre *(planning for peace in war)*. Son raisonnement est le suivant : « Chaque citoyen sera d'autant plus disposé à se consacrer à l'effort de guerre qu'il sentira que son gouvernement met en place des plans pour un monde meilleur [1]. » La charte Atlantique elle-même inscrira cette préoccupation dans l'une de ses clauses. Dans la guerre, les démocraties font l'épreuve du rapport intime qui fait dépendre leur force de la nature du lien social. C'est un thème que l'on retrouve d'ailleurs chez la plupart des grands classiques de la philosophie politique moderne.

En France, la mise en place de la Sécurité sociale à la Libération sera conçue dans les mêmes termes. Ambroise Croizat, le ministre communiste du Travail, résumera l'opinion générale en parlant de cette sécurité, « née de la terrible épreuve que nous venons de traverser [2] ».

On pourrait dire comme certains qu'il ne s'agit que d'un calcul de la bourgeoisie, qui sait fort bien qu'elle ne peut gagner seule une guerre et qu'elle a besoin d'un peuple de soldats motivés. Raisonner en ces termes n'a guère de sens. Peu importent les

1. Rapport *Social Insurance and Allied Services*, p. 171. Sur le rapport Beveridge, cf. fiche 3 en annexe.

2. *JO* du 8 août 1946.

motivations ou les contraintes, le fait fondamental subsiste : l'État et la guerre ont partie liée. Chaque expérience de conflit total, dans lequel la survie du pays est en jeu, repose d'une façon ou d'une autre la question de la constitution ou du fondement de la nation. Si l'État-providence se réaffirme et s'étend [1] dans l'expérience du conflit armé, c'est parce que tout se passe comme si la société revenait à ses origines imaginaires, à la formulation du pacte social. L'échange symbolique du contrat originel entre les individus et l'État se réaffirme dans ces périodes. La dette de protection contractée par l'État s'y énonce de manière plus *visible* (cf. par exemple tout le problème de la dette contractée envers les victimes de guerre qui a joué un rôle historique décisif dans la mise en place des systèmes de protection sociale).

D'une façon plus générale encore, le développement de l'État-protecteur/providence est associé à cette question de l'unité et de la division sociales. On ne cessera par exemple de dire au XIXe siècle que le but d'une politique sociale est d'éviter une « Saint-Barthélemy sociale », c'est-à-dire en fait le retour à l'état de nature, état d'incertitude et de guerre intérieure [2]. Toute l'« économie politique sociale » du XIXe siècle rappellera à la suite de Sismondi que « l'ordre social subsiste, parce que l'immense

1. Ce ne sont d'ailleurs pas seulement les fonctions « sociales » de l'État-providence qui s'étendent. Les Première et Seconde Guerres mondiales ont également été l'occasion d'un plus grand interventionnisme économique de l'État. Le *warfare* state accompagne le *welfare* state. Cf. à ce propos Richard M. Titmuss, *Essays on the « Welfare State »*, Londres, Unwin UB, 1963, 2e éd.

C'est également dans les périodes troublées que les mécanismes de l'assurance se sont développés à cause de la multiplication des risques existant à tous égards. Cf. par exemple *War and Insurance*, Londres, 1927, présentant un ensemble de travaux sur ce thème à propos de l'histoire économique et sociale de la Première Guerre mondiale.

2. Cf. par exemple sur ce thème les développements classiques de E. Buret, *De la misère des classes laborieuses en France et en Angleterre*, 1840, rééd. Paris, 1978, 2 vol. Cette question est au centre de l'approche de Louis Chevalier, *Classes laborieuses, classes dangereuses*, rééd. Paris, 1978.

majorité de ceux qui appartiennent au corps politique voit dans l'ordre sa sécurité; et le gouvernement n'existe que pour procurer, au nom de tous, cet avantage commun que tous en attendent [1] ».

Le doute sur l'État-providence ne saurait donc seulement être appréhendé du point de vue de la régulation des équilibres économiques qui le régissent. Ce n'est pas seulement l'extension de l'État ou le poids des dépenses sociales qui est en cause. Ce doute manifeste un ébranlement beaucoup plus profond : ce sont les rapports de la société à l'État qui font l'objet d'une interrogation. S'il y a crise, c'est en ce sens.

Mais pourquoi cette crise apparaîtrait-elle aujourd'hui? Pourquoi parler d'un ébranlement aussi radical alors que le point de départ semble consister dans un simple désajustement de la croissance des finances publiques?

Il y a, à mon avis, trois explications possibles :

1° Même si son programme de « libération du besoin » est illimité, l'État-providence a déjà conduit à une importante réduction des inégalités. La question des objectifs (l'égalité, le bien-être collectif) devient donc posée de façon plus précise. Il y a, dans ce contexte, formation d'un *doute sur l'égalité comme finalité sociale*. Parallèlement, la production de la sécurité et de la solidarité par l'État à travers de grandes interfaces apparaît plus opaque. Il y a une interrogation sur les *limites de la solidarité mécanique*.

2° Dans un contexte de crise économique, la société est moins extériorisée, la croissance ne joue plus son rôle de lubrifiant social. La question du lien social et du « vivre ensemble » apparaît de façon plus directe. Mais, paradoxalement, cette crise n'est pas explosive, la société reste « froide ». Je fais l'hypothèse qu'un malaise provient de la progression à froid, mécanique, de l'État-

1. Sismondi, *Nouveaux principes d'économie politique*, rééd. Paris, Calmann-Lévy, 1971, p. 63.

providence alors qu'elle n'est accompagnée d'aucun élément symbolique de reformulation du contrat social.

3° L'État-providence a toujours été attaqué et vilipendé par certains intérêts. Mais un compromis social présidait à son existence et à sa croissance. Ce qui change, c'est que ces attaques trouvent un écho dans des secteurs de l'opinion autrefois plus intéressés à la progression de l'État-providence. En d'autres termes, si l'on veut, il y a entrecroisement de critiques de droite et d'insatisfactions de gauche. Il y a modification des termes de ce que j'appelle le *compromis keynésien,* compromis sur lequel reposait l'État-providence depuis trente ou quarante ans.

Ce sont ces différents points qu'il faut maintenant examiner pour définir plus précisément l'ébranlement intellectuel de l'État-providence. Car c'est bien, en effet, sur le plan intellectuel qu'il faut prioritairement solder les comptes de l'État-providence.

3. Le doute sur les finalités

Nous l'avons déjà montré, l'approche de la crise de l'État-providence, en termes de *limites,* reste inopérante dans la mesure où celles-ci apparaissent relatives, mouvantes, insaisissables. Parler de limites revient en outre à présupposer qu'il pourrait y avoir un « programme » assignable à l'État-providence. Il rencontrerait ses limites quand il aurait rempli ce programme. C'est bien dans ces termes que certains raisonnent implicitement. Le rapport de la Commission de la protection sociale et de la famille du VIIIe Plan note par exemple : « Le système de protection sociale français est un des plus complets du monde et, même s'il n'est pas parfait, il a atteint une sorte de maturité [1]. » C'est aussi un point de vue assez répandu chez les économistes. L'Américain John Logue estime ainsi, dans un article remarqué, que « l'État-providence est victime de ses succès et non pas de ses échecs [2] ». Ayant réussi à bannir le spectre de la maladie, du chômage et des risques sociaux majeurs, son extension et sa réforme ne présenteraient qu'une utilité marginale décroissante : « Qu'est-ce qu'améliorer le remboursement des prothèses dentaires à côté de l'existence même d'un système de sécurité sociale? » Cette approche n'est guère convaincante. La dynamique de l'État-providence repose en effet sur un *programme illimité : libérer la société du besoin et du risque.* C'est sur ce programme que se fonde sa légitimité. Il est au centre du développement de tous les systèmes de protection sociale. Ouvrons le célèbre rapport Beveridge de 1942, *Social Insurance and Allied Services,* dont les recommandations servirent de base à l'édification du système actuel de sécurité sociale britannique et dont la

1. Paris, la Documentation française, 1980, p. 209.

2. John Logue, « The Welfare State : Victim of its Success », *Daedalus,* automne 1979.

philosophie inspire, et continue d'inspirer, la plupart des réformes menées dans les social-démocraties. Le grand thème qui traverse son rapport est celui de la « libération du besoin » *(freedom from want)*, reprenant la célèbre expression lancée par Roosevelt dans son *Message sur les quatre libertés* du 6 janvier 1941. Cette approche sera largement reprise en France, notamment par Laroque, l'infatigable acteur de la mise en place de notre système de sécurité sociale.

Pourquoi ce programme de libération de la société du besoin est-il illimité? Tout simplement parce qu'il ne fait que transposer, dans un langage économique, la question politique de la poursuite du bonheur. « Le but de la société est le bonheur commun », disait la Constitution de 1793. La définition de l'État-providence comme agent de la libération du besoin est la traduction utilitariste de cette affirmation.

Or, la notion de besoin, comme celle de bonheur, est aussi vague et confuse que son corollaire, la notion de satisfaction (répondre à un besoin, c'est le satisfaire). La notion de besoin oscille entre le concept de *survie* (satisfaction des besoins physiologiques élémentaires) et le concept d'*abondance* (suppression des besoins). De ce point de vue, l'État-protecteur correspondrait à la garantie de la survie (la protection physique de la vie) et l'État-providence à la garantie d'une abondance « minimale » pour tous les citoyens. Mais qu'est-ce que ce minimum? Il est par définition historique, évolutif, parce qu'il est toujours apprécié par rapport à une situation sociale « moyenne ». Dès lors que l'on abandonne la simple référence à la survie (et encore peut-elle elle-même être considérée comme relative), il n'y a plus de norme « objective » pour fixer un minimum de niveau de vie qui correspondrait à la satisfaction de besoins primaires ou élémentaires. Le système des besoins se confond avec la dynamique sociale. Le besoin n'existe fondamentalement que comme manifestation d'une situation de division sociale. Il naît du constat d'une différence et du désir de la réduire : la dialectique des besoins est tout entière structurée par la dynamique sociale de l'égalisation et de la différenciation [1]. *La notion de besoins n'est ainsi qu'une redondance du concept de rapports sociaux.*

C'est dans cette mesure que le programme de l'État-providence est naturellement illimité. Il n'y aurait de libération du besoin que dans l'arrêt de cette dialectique, dans sa résolution identitaire. L'idée de libération du besoin redouble celle d'égalité. L'État-providence est bien en ce sens le produit de la culture démocratique et égalitaire moderne.

C'est à partir de là qu'il faut comprendre l'interrogation actuelle sur ses limites. Toutes les analyses mécaniques ou quantitatives, fondées sur la recherche de seuils physiques ou organisationnels, peuvent être partiellement justifiées, mais elles ne pénètrent pas véritablement au cœur du problème qui émerge de façon diffuse et encore confuse : la montée d'une question radicale sur *le sens* de la dynamique égalitaire de cet État-providence. Il s'est développé sous la pression des nécessités et de sa logique intellectuelle interne, porté par un mouvement que rien ne semblait pouvoir contrarier, et c'est ce ressort caché qui semble aujourd'hui bloqué. Pourquoi?

On peut y voir un effet de la crise économique dans la mesure où elle tend à bouleverser les cadres essentiels de notre rationalité économique. Mais ce n'est pas le ralentissement de la croissance en lui-même qui fait problème, c'est le rapport de la société à son propre devenir qu'il a modifié insensiblement. Il y a en ce sens *crise des représentations de l'avenir.* L'avenir ne peut plus être pensé comme poursuite d'une tendance, accomplissement d'un mouvement, développement d'un progrès cumulatif, réalisation d'une promesse première. Il est frappant à cet égard de constater que le doute sur l'État-providence est lié à une sorte de panne de l'imagination sociale. Elle tourne actuelle-

1. Hegel écrivait en ce sens : « Le besoin de l'égalité, d'une part, en tant qu'assimilation – l'imitation – et, d'autre part, le besoin qui a la particularité également présente de se faire valoir par un signe distinctif deviennent, à leur tour, une source réelle de multiplication et d'extension des besoins » (*Principes de la philosophie du droit,* Paris, Gallimard, 1940, § 193).

ment à vide. Personne ne parle des progrès sociaux de l'avenir, ne formule les objectifs d'une nouvelle étape, ne se risque à décrire des utopies concrètes. Ce qui domine, c'est la perspective de maintenir des acquis après qu'ils ont été menacés. On se propose au mieux de les consolider en fonction des nouveaux effets de la crise. Historiquement le mouvement ouvrier et le mouvement socialiste ont pourtant su parler *en même temps* le langage défensif de la protection des conquêtes sociales existantes et le langage offensif des luttes à mener pour des objectifs nouveaux, parfois fort lointains. Ce n'est plus le cas. L'État-providence n'est plus tiré en avant par l'ouverture de nouveaux horizons. Du même coup, il est globalement remis en cause, pris au piège entre la volonté conservatrice de revenir en arrière des uns et l'incapacité d'en penser le devenir des autres.

Cette explication n'est pourtant pas suffisante. Ce n'est pas seulement le rapport de la société à son avenir qui est en cause. C'est l'avenir de la structure sociale elle-même qui est en jeu à travers le doute sur les finalités de l'État-providence. Car la question qui se trouve posée est celle de l'égalité dans la société. C'est la question centrale qui travaille toutes les sociétés démocratiques.

S'il y a un doute essentiel qui traverse l'État-providence, c'est bien celui-ci : *l'égalité est-elle une valeur qui a encore de l'avenir?* Ce qui est nouveau, c'est que cette question commence à être posée positivement, presque naïvement, à l'issue d'une longue période pendant laquelle elle constituait l'objectif naturel de l'action des sociétés sur elles-mêmes.

Cette valeur-égalité a intellectuellement fonctionné sans problèmes — ce qui ne veut pas dire sans luttes sociales intenses — tant qu'il s'agissait de l'inscrire dans une norme juridique, civile (l'égalité de tous devant la loi) ou politique (le suffrage universel). L'objectif qu'elle visait était à chaque fois clairement assignable et définissable. Il n'en a plus été de même dès qu'il s'est agi de lui donner une traduction sociale et économique, pourtant logiquement complémentaire. D'abord parce que s'ouvrait alors un champ infini au travail de l'égalité, champ qui ne cessait d'ailleurs de s'étendre au fur et à mesure que la commensurabilité sociale s'étendait avec la société marchande, nous y reviendrons. Mais aussi parce que la valeur égalité a fonctionné dans le domaine économique et social sur un tout autre mode que dans le domaine civil et politique. Elle a fonctionné négativement et non plus positivement. La « demande d'égalité civile ou politique » se traduit par la détermination d'une norme *identique* pour tous. L'égalité se donne comme but l'abolition radicale des différences de statut civil ou politique. La demande d'égalité économique ou sociale se présente sous un autre mode : elle s'exprime comme volonté de *réduction des inégalités*. Les deux démarches ne sont pas symétriques : production de l'égalité identitaire dans un cas, réduction de l'inégalité de l'autre, sans fixation d'un objectif identitaire.

On ne trouverait personne aujourd'hui pour estimer (au moins publiquement) que la réduction des inégalités économiques ou sociales ne constitue pas un objectif social majeur. Et pourtant personne non plus ne revendique l'égalité identitaire dans ce domaine. C'est le paradoxe central des sociétés démocratiques. C'est à son cœur qu'il faut lire l'ébranlement intellectuel de l'État-providence. Quelque chose est en train de bouger à cet endroit précis, comme si une fissure commençait à lézarder l'édifice de notre culture démocratique et égalitaire.

Cette fissure culturelle, ce doute sur l'égalité, on peut tenter d'en déceler les principales causes, avant d'en évaluer la portée et les conséquences. J'en discerne quatre :

– La question de l'État-protecteur, au sens originaire du terme, tend à être perçue comme étant de plus en plus centrale. La sécurité physique dans les grandes villes, la prévention des risques technologiques majeurs (accidents nucléaires par exemple), l'affirmation d'une force face à l'instabilité de la situation internationale : tels sont aujourd'hui les grands vecteurs de la demande d'État, les urgences ressenties ou provoquées. D'où la tentation d'un retour à un âge prédémocratique. La demande de sécurité tend à relativiser la demande d'égalité. C'est le côté régressif de la crise. Il n'explique pas tout.

– Le développement récent de l'État-providence a été principalement le résultat d'un écart entre la croissance ralentie de la production et la poursuite du rythme extérieur des dépenses publiques. C'est une progression mécanique, qui s'est opérée à froid. Ce développement n'a été accompagné d'aucun mouvement social significatif; pas de révolte, pas d'explosion. C'est historiquement la première fois qu'un tel phénomène se produit. Chaque avancée de l'État-providence avait auparavant été liée à une signification sociale forte : crise sociale mettant en cause la cohésion de la société, conflit militaire posant la question de sa survie. Rien de tel aujourd'hui. Les mécanismes de redistribution et d'assistance se sont accrus sans intention politique délibérée. L'État-providence n'a progressé ni par le calcul de la bourgeoisie (pour « prévenir » une explosion sociale), ni par la conquête de nouveaux droits ouvriers. Du même coup, son coût économique apparaît *pour tous* sans véritable compensation politique. Les prélèvements se sont accrus sans qu'il y ait eu le moindre élément symbolique de reformulation du compromis social. La réduction des inégalités qui en est automatiquement résultée apparaît ainsi moins légitime : elle n'a pas été accompagnée par une volonté ou par une parole de la société sur elle-même. Elle a, pour la première fois, été presque honteuse, accompagnée par un mutisme gêné des principaux acteurs sociaux (comme le montre bien l'attitude vis-à-vis de la baisse du pouvoir d'achat des cadres).

– Le financement de l'État-providence a connu un profond bouleversement depuis dix ans avec le rapide développement du nombre de contribuables. L'impôt sur le revenu ne représente que 20 % de la masse des impôts, et ceux-ci constituent à peine plus de la moitié des prélèvements obligatoires. D'un point de vue strictement financier, l'impact de cette extension du nombre de personnes payant l'impôt sur le revenu est donc assez limité.

Mais il s'agit de la partie la plus visible et donc la plus sensible des prélèvements obligatoires. Un nombre croissant de personnes se sent donc directement impliqué dans le système de l'État-protecteur. L'idée qu'il suffisait de faire payer « les autres » n'a plus guère de sens. Il devient de plus en plus perceptible pour tous que la redistribution ne joue pas seulement aux extrêmes (les plus riches et les plus pauvres) mais qu'elle a une portée beaucoup plus large, plus diffuse, qu'elle concerne l'ensemble du corps social : il y a réduction des « grandes » et des « petites » inégalités. C'est à ce niveau que s'opèrent certains blocages et que naît un certain sentiment d'injustice. Chacun est en effet amené à se comparer à ses proches, à son « groupe de référence », disent les sociologues [1], et non plus seulement à ceux qui sont loin au-dessus ou au-dessous de lui. C'est dans ce contexte que le paradoxe égalitaire produit ses effets les plus forts et que la passion de l'égalité se mêle le plus inextricablement au désir de différence. C'est dans ces zones intermédiaires que s'éprouve le plus profondément la tension inhérente aux sociétés démocratiques. La réduction mécanique des « petites » inégalités de revenu est d'autant moins bien acceptée qu'elle s'inscrit dans un contexte social où elles sont recoupées par de nombreux autres facteurs producteurs de différences perçues comme légitimes ou illégitimes : le prix payé pour la promotion personnelle, la situation familiale, la connaissance de revenus dissimulés par d'autres, etc. Dans de nombreux cas, la réduction mécanique des « petites » inégalités est ainsi perçue comme une injustice. Il n'y a pas concordance entre les critères de l'État et ceux de l'individu pour définir un même critère du juste prélèvement [2].

– La demande d'État-providence n'apparaît plus aujourd'hui

1. Cf. sur ce point l'excellent article de Philippe Bénéton, « Les frustrations de l'égalité », *Archives européennes de sociologie*, vol. XIX, 1978.

2. Ce n'est d'ailleurs pas un problème très neuf. Mais il est aujourd'hui ressenti avec force sans recevoir de réponse satisfaisante : il ne fait l'objet d'aucune parole collective d'élucidation; il reste enfoui dans les consciences.

comme le seul moyen de protection sociale. La société est de plus en plus segmentée, oligopolisée, balkanisée sous la pression de l'évolution des structures économiques (la segmentation du marché du travail) et des structures de négociation sociale. Dans ces conditions, l'important n'est pas seulement d'être protégé par l'État-providence, comme s'il était le seul recours, c'est aussi de chercher à se situer dans le segment ou l'oligopole le plus favorable. De son côté, l'État contribue également à corporatiser la société. Quand il ne sait plus, ou ne peut plus, se fonder sur un compromis social d'ensemble, il multiplie les arrangements sociaux catégoriels, contribuant par là même à réduire sa légitimité. L'*État clientélaire* commence à s'édifier dans l'État-providence.

Ces différents facteurs convergent pour poser dans des termes nouveaux la question de ce qui fait le lien social, le « vivre ensemble », pour éprouver plus radicalement la *raison démocratique*. C'est dans ce creuset que se forge le doute qui ébranle l'État-providence : on ne sait plus vraiment, malgré les apparences et les évidences, à quoi il doit *finalement* servir. Se demander « jusqu'où » il doit aller, c'est en fait pouvoir dire à quoi doit ressembler la société. C'est avoir un projet pour son avenir, ou peut-être plus profondément une méthode pour traiter de son avenir, c'est-à-dire des relations que les individus et les groupes pourront et voudront développer entre eux. La question devient : saurons-nous entrer dans l'âge de la lucidité démocratique? Quelles normes de solidarité la société se donne-t-elle?

4. Les limites de la solidarité mécanique

L'ébranlement intellectuel de l'État-providence correspond également à une *crise de la solidarité*. La tendance à la corporatisation sociale, le développement de réactions catégorielles étroites en matière d'impôts ou de cotisations sociales en sont le signe. Ce n'est évidemment pas à partir d'une appréciation de l'évolution des comportements individuels qu'il est possible d'appréhender ce phénomène : les individus ne sont pas devenus plus égoïstes ou moins généreux. C'est en termes sociologiques qu'il faut tenter de comprendre ce fait social.

Je propose l'explication suivante : l'État-providence, comme agent central de redistribution et donc d'organisation de la solidarité, fonctionne comme un grand *interface :* il se substitue au face à face des individus et des groupes. Du même coup, il se présente pour ces derniers comme une donnée, un système autonome et indépendant d'eux, alors qu'il ne résulte dans son fonctionnement financier que de l'interaction de l'ensemble des prélèvements et des prestations affectant chaque individu.

Coupée des rapports sociaux réels qui la structurent, l'organisation de la solidarité que cet État-providence met en place devient plus abstraite. L'État-providence procède mécaniquement à un véritable brouillage des rapports sociaux [1]. C'est en ce sens

1. On est donc conduit sur ce point à élargir considérablement l'analyse marxiste de l'État-providence. Si elle considère également l'État-providence comme un interface, elle ne perçoit celui-ci que comme le produit volontaire d'une stratégie de dissimulation des rapports de classe et d'atténuation de leur degré de conflictualité : il est un instrument, un appareil de brouillage des rapports de classe. C'est en fait dans l'ensemble du système des relations sociales, qui n'est pas seulement structuré par le mécanisme de la lutte des classes, que ce mécanisme fonctionne.

que l'on peut parler d'une solidarité mécanique[1]. Dans ces conditions, les revendications d'individus et de groupes pour réduire ou limiter leurs contributions financières peuvent être totalement disjointes du sens social de leurs effets.

Développement des interfaces et multiplication des effets sociaux pervers s'engendrent ainsi réciproquement. L'interface est producteur d'irresponsabilité et de retrait social.

Prenons deux exemples, d'ordre très différent : le développement de l'économie souterraine et la multiplication des « effets de composition » des actions individuelles. Thomas Schelling[2] a récemment consacré un ouvrage à décrire et à analyser ces effets de composition. Reprenons l'un d'entre eux, l'apologue du matelas. Soit un encombrement sur le pont d'une autoroute provoqué par un matelas tombé du toit d'un véhicule sur la chaussée. Des centaines de voitures doivent ralentir et perdent du temps à cause du bouchon qui s'est formé. Mais, lorsqu'elles arrivent à la hauteur du matelas, elles reprennent de la vitesse sans plus s'en soucier. Personne ne pense à s'arrêter. Le paradoxe, l'effet de composition : chacun des automobilistes perdra plus de temps dans le bouchon qu'un seul d'entre eux à ramasser le matelas. C'est un cas typique, et courant, de gaspillage collectif. Comment analyser cet effet pervers et comment le résoudre? Pour Schelling, « le résultat est mauvais parce qu'il n'y a pas de marché ». Si quelqu'un avait des « droits de propriété » sur le pont de l'autoroute, il aurait en effet intérêt à débarrasser la chaussée du matelas et à percevoir en contrepartie quelques centimes de la part de chaque automobiliste qui gagnerait ainsi un temps précieux; ce serait donc également l'intérêt de ces derniers.

1. L'expression « solidarité mécanique » ne doit donc pas être comprise ici au sens que lui donne Durkheim dans *De la division du travail social* (solidarité par similitudes produite par le système des croyances collectives dans une société traditionnelle de petite dimension).

2. *La Tyrannie des petites décisions*, Paris, PUF, 1980. Rappelons que l'analyse de ces effets est au centre des théories de la main invisible depuis le début du XVIIIe siècle (cf. notamment Mandeville).

Si on raisonne dans ces termes, la généralisation des rapports de marché est sans limites. Imaginons le nombre de « droits de propriété » qu'il faudrait établir pour résoudre tous ces petits problèmes, et le coût! Mais en résultera-t-il une véritable réduction des « effets pervers »? Non, car le système des prix fonctionne lui-même dans ce cas comme un interface. S'interposant entre des acteurs économiques pour régler leurs relations, il peut donner l'illusion d'un moindre gaspillage social, d'un règlement objectif des comportements, alors qu'il est lui-même la résultante de comportements individuels et de rapports de forces [1]. Dans la lignée de cet exemple du matelas, on peut estimer que chaque individu estime avoir un « droit à la négligence » parce qu'il paie, alors que le développement de ce comportement entraînera une hausse du péage et pénalisera donc les autres. Le marché procédera ainsi à une redistribution occulte des revenus derrière son apparence d'objectivité. Mais, d'un autre côté, si on refuse cette extension du marché, le développement de l'État-providence est également illimité dans cette perspective, les effets de composition qu'il engendre croissant en retour sur un mode exponentiel. L'État-providence total (100 % de prélèvements obligatoires) ne conduirait paradoxalement pas à une socialisation transparente mais au contraire à une opacification généralisée et absolue des rapports sociaux; ne déboucherait pas sur une solidarité complète mais sur une situation masquée de guerre de tous contre tous.

La solidarité ne peut être conçue comme le produit automatique des mécanismes du marché (illusion du libéralisme méthodologique érigeant l'*homo economicus* en homme réel) ou comme le résultat mécanique du fonctionnement de l'État-providence. Elle ne peut s'exercer que si la morale sociale qu'elle traduit repose sur un minimum de *visibilité des rapports sociaux*.

On peut analyser dans les mêmes termes le développement de

1. Cf. la démonstration de Jean-Pierre Dupuy et Jean Robert dans *la Trahison de l'opulence*, Paris, PUF, 1976.

l'économie souterraine [1]. Il exprime à la fois un retrait social négatif (échapper à l'impôt et aux cotisations sociales) et une volonté positive de mettre en œuvre des formes de solidarité directe et des modes d'activité autonomes; les deux aspects étant difficiles à dissocier du point de vue de l'État.

Dans cette perspective, *la crise de l'État-providence correspond aux limites d'une expression mécanique de la solidarité sociale.*

Pour comprendre de façon plus approfondie cette question, il faut poursuivre l'analyse sociologique et examiner les modalités de « mise en forme » de la société par l'État-providence.

Au départ, une reconnaissance intellectuelle décisive : celle du lien qui unit historiquement le développement de l'État à celui de l'individu. Pas d'État-protecteur pensable et possible sans l'émergence de l'individu comme catégorie politique et juridique. En retour l'État-protecteur, comme État fiscal, ne peut se construire qu'en dégageant de plus en plus les individus des groupes sociaux réels (famille élargie, relations de voisinage fondées sur le troc, etc.) dans lesquels sont encastrés les échanges économiques qu'il ne saisit pas. Il s'agit pour lui de rendre visibles la richesse et les échanges, de réduire l'immense économie souterraine qui échappe à son regard, afin de pouvoir prélever le seul impôt qui soit efficace : celui qui est indexé sur la circulation des richesses dans la société. L'État moderne ne peut exister, en un mot, sans économie et société de marché, c'est-à-dire sans affirmation de l'individu comme catégorie économique centrale.

L'État-providence ne fait que poursuivre et étendre ce mouvement de protection de l'individu comme figure centrale du social. Son objectif est de le dégager des réseaux de solidarité contraignants, aléatoires dans lesquels il s'insérait encore : *l'État-providence veut libérer l'individu en simplifiant le social.* Il s'agit pour lui de détruire l'ensemble des structures, professionnelles et

1. Cf. P. Rosanvallon, « Le développement de l'économie souterraine et l'avenir des sociétés industrielles », *Le débat,* n° 2, 1980. Cf. également *Futuribles,* janvier 1981, sur les réseaux d'entraide infra-étatiques.

sociales, qui limitent l'autonomie de l'individu. La liberté est conçue comme avènement de l'individu intégral. Il n'y a plus aujourd'hui, disait Le Chapelier, que « l'intérêt particulier de chaque individu et l'intérêt général [1] ». Il n'y a plus d'entre-deux social. C'est ce qui fait la grande différence entre l'État-protecteur et l'État-providence. Dans le premier cas, l'individu – et donc l'État – est limité, les fonctions d'assistance et de charité restent par exemple encastrées dans les formes de solidarité et de sociabilité traditionnelles, qu'elles soient religieuses, corporatives ou communales. L'État-protecteur comme forme politique connaît l'individu alors que la société civile est encore structurée en corps (c'est pourquoi les *poor laws* anglaises étaient mises en œuvre à un niveau fortement décentralisé).

L'État-protecteur doit se transformer en État-providence dans le moment même où s'affirme l'individu total. La Constitution de 1793 dira que « les secours publics sont une dette sacrée ». Une conception étatique de l'assistance est le corollaire de l'individualisme le plus radical en matière de relations sociales.

C'est à partir de là qu'il faut comprendre la contradiction du libéralisme du XIXe siècle lorsqu'il souhaite affirmer en même temps le principe individualiste et repousser l'idée de l'intervention de l'État dans le domaine de l'assistance et de la bienfaisance. Le paupérisme du XIXe fut d'ailleurs souvent expliqué par cette dualité d'une affirmation de la liberté individuelle (et notamment de la « liberté du travail ») qui ne trouvait pas son prolongement naturel dans une socialisation par l'État des mécanismes de solidarité. C'est un des grands thèmes que l'on retrouve chez Buret, Villeneuve-Bargemont, Gérando. Ce dernier écrivant même significativement : « Il n'est qu'un état de société dans lequel on pût fermer tout accès à l'indigence : ce serait celui où, comme dans le régime d'esclavage des anciens, dans le servage féodal, dans le régime des corporations, partout où le travail est

1. Discours du 14 juin 1791 lors de la présentation de la loi sur la suppression des corporations.

asservi, la classe inférieure de la société abdiquerait son indépendance, achèterait à ce prix sa sécurité par la protection obligée de ses maîtres, au prix de sa dignité morale et même d'une forte portion de son bien-être matériel. Là il n'y aurait pas en effet d'indigents, parce qu'il n'y aurait aucune chance d'adversité ou de prospérité [1]. »

Cette contradiction fut difficile à surmonter par les libéraux du XIXe siècle, soucieux de préserver la « liberté du travail » et donc hostiles aux associations ouvrières. Elle ne fut ouvertement réglée que sous le second Empire avec le vote de la loi sur les coalitions annulant la loi Le Chapelier. Émile Ollivier fit dans son rapport sur ce projet de loi une critique significative de la philosophie sociale sous-jacente à la loi Le Chapelier. Il rappela que Le Chapelier déclarait en 1791 qu'« il n'y a que l'intérêt particulier de chaque individu et l'intérêt général ». Le Chapelier critiquait par exemple les caisses de secours corporatives. « C'est à la nation, disait-il, de fournir des travaux à ceux qui en ont besoin pour leur existence et des secours aux infirmes. » Ollivier répondra : « Nous saisissons à son origine, dans cette théorie exposée par Chapelier, l'erreur fondamentale de la Révolution française. De là sont sortis les excès de la centralisation, l'extension démesurée des droits sociaux, les exagérations des réformateurs socialistes; de là procèdent Babeuf, la conception de l'État-providence, le despotisme révolutionnaire sous toutes ses formes [2]. » Les associations de prévoyance, les mutuelles, les caisses de secours furent ainsi perçues comme un substitut à l'État-providence : pour la bourgeoisie qui trouvait ainsi le moyen, temporaire, de limiter la croissance de l'État et de transformer la « dette » sociale verticale de l'État en une organisation strictement horizontale de la solidarité; pour la classe ouvrière

1. In *De la bienfaisance publique*, cité par Hatzfeld, *op. cit.*

2. Émile Ollivier, *Commentaire de la loi du 25 mai 1864 sur les coalitions*, Paris, 1864. Sur ce thème, cf. également Émile Laurent, *le Paupérisme et les Associations de prévoyance*, Paris, 2e éd., 1865, 2 vol.

qui voyait ainsi un moyen d'améliorer son sort dans un contexte où elle savait ne rien pouvoir attendre d'un État de classe.

Mais cette question n'a pas seulement été au cœur des luttes sociales. Il est important de souligner qu'elle a constitué un problème théorique majeur : celui des rapports de l'étatisme et de l'individualisme. Ce problème, nous y reviendrons, indique un creux théorique du libéralisme, aux conséquences décisives : *il n'y a pas de pensée sociologique possible dans le libéralisme,* dès lors que le postulat société = collection d'individus est posé au départ [1].

Lorsque l'État-providence commencera vraiment à émerger à la fin du XIXe siècle, le mouvement démocratique permettant aux mécanismes de demande d'État de s'exprimer et surtout d'aboutir, il pourra être compris comme un mode « naturel » de réencastrement partiel de l'économique dans le social, réencastrement qui se paiera d'un désencastrement des mécanismes de solidarité hors du tissu social. Ce désencastrement a été voulu et perçu, probablement à juste titre dans une première étape, comme un progrès, un retour aux idéaux révolutionnaires (on

1. On pourrait comprendre à partir de là toute la difficulté du fondement d'une sociologie normative chez Durkheim, tentation qui traverse constamment son œuvre. Il écrit en effet à la fois :

a) « La vérité c'est que l'État a été le libérateur de l'individu. C'est l'État qui, à mesure qu'il a pris de la force, a affranchi l'individu des groupes particuliers et locaux qui tendaient à l'absorber, famille, cité, corporation, etc. L'individualisme a marché au même pas que l'étatisme », *Revue philosophique,* n° 48 (1899), in *Textes,* Paris, Éd. de Minuit, 1975, t. III, p. 171. C'est le constat « historique ».

b) « Une société composée d'une poussière infinie d'individus inorganisés, qu'un État hypertrophié s'efforce d'enserrer et de retenir, constitue une véritable monstruosité sociologique [...]. Une nation ne peut se maintenir que si, entre l'État et les particuliers, s'intercale toute une série de groupes secondaires qui soient assez proches des individus pour les attirer fortement dans leur sphère d'action et les entraîner ainsi dans le torrent de la vie sociale » (Préface de la 2e édition à *De la division du travail social,* Paris, PUF, 1967, p. XXXII-XXXIII). C'est le vœu « sociologico-politique ».

peut noter que les « républicains de progrès » de la fin du XIXe siècle ne cesseront de se référer à ces idéaux d'un État-protecteur/providence tels qu'ils s'exprimaient dans la Constituante, ou plus tard chez des économistes comme Sismondi).

Aujourd'hui l'interface étatique est devenu largement opaque et surtout les mécanismes d'expression de la solidarité mécanique sont de plus en plus disjoints des formes de sociabilité intermédiaires. Il en résulte un coût de plus en plus élevé des services sociaux de l'État-providence par rapport à ce que représenteraient les coûts d'une prise en charge de ces services à un niveau plus décentralisé. La prise en charge d'une personne âgée à l'hôpital est beaucoup plus élevée que si elle restait insérée dans son espace social habituel par exemple. La « professionnalisation » de ces services collectifs, qui croît naturellement quand les « métiers du social » se développent, ne fait en outre qu'accentuer ce coût de la solidarité mécanique.

La solidarité mécanique ne produit pas seulement des effets pervers à travers le développement des phénomènes d'interface. Elle apparaît également de plus en plus inefficace économiquement parce que inadaptée sociologiquement. La perte d'autonomie, l'isolement croissant des individus dont l'État est le principal recours alimentent la crise de l'*État-providence*. Si l'on veut parler en termes de seuil et de limites, il faut le comprendre sociologiquement. La crise de la solidarité provient de la décomposition, ou plus exactement de la dislocation du tissu social mécaniquement, et involontairement cela va de soi, engendrée par le développement de l'État-providence. Il n'y a plus assez de « social » entre l'État et les individus. C'est pourquoi les limites de l'État-providence doivent s'appréhender à partir des *formes* de sociabilité qu'il induit et non pas principalement à partir du degré de socialisation de la demande (pourcentage des prélèvements obligatoires).

5. La modification de l'équation keynésienne

Depuis quarante ans, l'extension de l'État-providence s'est déroulée sous les auspices de l'« équation keynésienne ». Elle est fondée sur le principe, établi par Keynes, de la correspondance globale entre les impératifs de la croissance économique et les exigences d'une plus grande équité sociale dans le cadre d'un État économiquement et socialement actif.

Il n'est bien évidemment pas question de résumer ici un ouvrage aussi complexe que la *Théorie générale de l'emploi, de l'intérêt et de la monnaie*[1]. Il suffit d'en noter les quelques éléments qui permettent de comprendre la signification de cette équation. Rappelons d'abord que Keynes écrit dans le contexte de la crise des années trente. Son but est d'élaborer une théorie du retour au plein emploi pour une économie marquée par un fort taux de chômage. Son point de départ : le constat que la théorie néoclassique de l'équilibre est incapable de rendre compte d'un fort chômage permanent et que les remèdes économiques classiques s'avèrent inefficaces à redresser cette situation. « La cause finale de notre étude, écrit-il, est la découverte des facteurs qui déterminent l'emploi. » Ceux-ci sont directement liés, selon lui, à la « demande effective » (la demande solvable); le chômage provient d'une insuffisance de la consommation combinée avec une insuffisance de l'investissement.

L'État doit donc jouer un rôle pour stimuler ces deux fonctions, soit directement (dépenses publiques), soit indirectement (à travers notamment la politique fiscale et la politique du crédit).

Cette analyse strictement économique entraîne un certain nombre de conséquences qu'il expose dans ses « Notes finales

1. 1936; trad. française : Paris, Payot, 1963.

sur la philosophie sociale à laquelle la théorie générale peut conduire [1] ».

Il énonce dans ces termes le sens de sa conclusion : « Les deux vices marquants du monde économique où nous vivons sont le premier que le plein emploi n'y est pas assuré, le second que la répartition de la fortune et du revenu y est arbitraire et manque d'équité. Le rapport entre la théorie qui précède et le premier de ces vices est évident. Mais il existe deux points importants où elle touche aussi le second » (p. 386). On peut résumer ainsi ces deux points que Keynes développe ensuite :

– L'accroissement de la propension à consommer est un objectif central d'une politique de plein emploi. Or la « classe riche » a une faible propension à consommer, car ses revenus excèdent largement ses dépenses. Le développement de l'économie, et donc l'emploi, serait donc stimulé par une hausse des droits de succession qui réduirait les inégalités de fortune. « Ainsi disparaît, note-t-il, l'une des principales justifications sociales d'une grande inégalité des fortunes. Ce n'est pas à dire que d'autres raisons indépendantes de notre thèse ne puissent justifier en certaines circonstances un certain degré d'inégalité dans les fortunes. Mais notre thèse élimine la principale des raisons pour lesquelles on a pensé jusqu'ici qu'une grande circonspection était nécessaire dans l'accomplissement des réformes. Elle influe tout particulièrement sur notre façon d'envisager les droits de succession. Car certaines considérations qui légitiment l'inégalité des revenus ne justifient pas en même temps l'inégalité des héritages » (p. 387).

– Le flux de l'investissement s'accroissant sous l'effet d'une baisse du taux de l'intérêt, « la politique la plus avantageuse consiste donc à faire baisser le taux de l'intérêt par rapport à la courbe de l'efficacité marginale du capital jusqu'à ce que le plein emploi soit réalisé » (p. 388). Ce raisonnement a une conséquence sociologique décisive : il implique « la disparition progressive du rentier et par suite la disparition progressive chez le capitaliste

1. Chap. XXIV de la *Théorie*.

du pouvoir oppressif d'exploiter subsidiairement la valeur conférée au capital par sa rareté [...]. Dans l'évolution du capitalisme, la présence de rentiers nous semble marquer une phase intermédiaire qui prendra fin lorsqu'elle aura produit tous ses effets. Et la disparition du rentier entraînera bien d'autres changements radicaux dans ce système » (p. 389-390).

Résumant ce raisonnement, Keynes conclut que l'État est amené à intervenir par le biais de la politique fiscale et de la détermination du taux de l'intérêt pour régler le niveau adéquat au plein emploi de la propension à consommer. Mais il doit également intervenir pour stimuler l'investissement, l'influence de la politique bancaire du taux d'intérêt n'étant pas jugée suffisante pour l'amener à sa valeur optimale. « Aussi pensons-nous, dit-il, qu'une assez large socialisation de l'investissement s'avérera le seul moyen d'assurer approximativement le plein emploi » (p. 391).

C'est en ce sens qu'il faut comprendre l'équation keynésienne. C'est à partir de là que le rapport entre la croissance et le développement de l'État-providence pourra dorénavant être pensé comme non contradictoire. Progrès social et efficacité économique iront logiquement de pair. Keynes dépasse sur le strict plan de la théorie économique le vieil antagonisme entre ces deux éléments. Il met ainsi fin au débat entre les défenseurs de la doctrine classique de l'équilibre et les partisans d'une « économie sociale » qui, à la suite de Sismondi, se contentaient d'affirmer la nécessité de compenser les effets socialement destructeurs de la pure logique du marché. Pour Keynes, le social – c'est-à-dire l'organisation des rapports sociaux – est immédiatement compris comme structurant de l'intérieur la dynamique économique. Sa théorie intègre, dans le mouvement même de sa constitution, les rapports du capital et du travail, pour parler en d'autres termes. Nouvelle conception des conditions de la croissance et réorganisation des rapports de classes sont indissociables à ses yeux [1].

1. Christine Buci-Glucksmann écrit à juste titre que, « bien loin de se réduire à son seul modèle de développement structurel (État/économie), l'État keyné-

Dans ces conditions, l'État-providence – État d'intervention économique, de redistribution sociale et de réglementation des rapports sociaux – n'est plus seulement un « enjeu » de la lutte des classes, il traduit une nouvelle situation objective des rapports de classes liée à une exigence économique.

On doit pourtant noter que Keynes estimait que la seule perception intellectuelle de cette exigence indiquée par la théorie économique nouvelle qu'il venait d'élaborer ne suffirait pas à déclencher la réorganisation économique et sociale correspondante. Il écrivait significativement en 1940 : « Il semble politiquement exclu qu'une démocratie capitaliste organise des dépenses suffisantes pour réaliser la grande expérience qui vérifierait mes thèses – à moins que ne se produise une guerre [1]. » De fait, c'est seulement après la Seconde Guerre mondiale que les politiques keynésiennes seront mises en œuvre. Le New Deal de Roosevelt ne réalisait, avant même d'ailleurs qu'elle ne soit formulée, que certains éléments limités de l'équation keynésienne (essentiellement la dimension d'intervention économique et industrielle de l'État).

Ce constat est tout à fait décisif; il montre que l'on ne peut pas analyser le développement de l'État-providence dans son étape keynésienne du seul point de vue de la logique du capital. C'est pourtant ce que font la plupart des analyses marxistes de l'État-providence. Elles présupposent une « intelligence politique pure » de la bourgeoisie qui aurait clairement conçu le développement de l'État-providence comme un simple *moyen* de dépasser certaines contradictions de l'accumulation capitaliste. L'État-providence est compris comme étant fonctionnel par rapport au

---

sien est indissolublement un organisateur d'hégémonie (État-masse) lié à une transformation considérable des modes mêmes de domination et de luttes », *le Défi social-démocrate,* Paris, Maspero, 1981, p. 130.

Sur ce point, cf. également A. Negri, « John M. Keynes et la théorie capitaliste de l'État en 1929 », in *la Classe ouvrière contre l'État,* Paris, Galilée, 1978.

1. Cité par Negri, *op. cit.*

capitalisme : il en est le prolongement, la « béquille » nécessaire.

Il me semble au contraire que le constat un peu désabusé de Keynes rappelle que le développement de l'État-providence est également lié à l'existence d'un compromis social, qu'il soit formulé de façon implicite ou explicite. Et c'est justement l'expérience collective de la guerre qui allait en fournir les éléments et en rendre possible pratiquement – la seule « logique » ne suffisant pas – la réalisation.

C'est seulement dans cette mesure que l'on peut saisir le rapport entre Marx et Keynes [1]. Ils ont en commun de penser en même temps les rapports du capital et du travail, de comprendre que l'« économie » est la résultante de leur imbrication. Mais Marx analyse ce mouvement comme une contradiction permanente, chaque résolution *temporaire* des contradictions du capitalisme débouchant sur l'expression de nouvelles contradictions : c'est en effet pour lui la lutte des classes qui continue de se développer, la contradiction n'étant résolue que par la victoire du prolétariat qui conduit à l'abolition des classes et donc de la lutte des classes. Pour Keynes, il y a au contraire la possibilité de trouver les conditions d'un nouvel équilibre économique relativement *stable* dans la redéfinition des rapports entre l'État et l'économie, et dans la réorganisation des rapports sociaux (à travers la réduction des inégalités et la suppression de la figure du rentier).

C'est à partir de là que l'on peut saisir dans des termes neufs le rapport entre l'État-providence keynésien et la social-démocratie. Cette dernière, comme on l'a très bien montré [2], est fondée sur l'idée de *compromis social,* reliant l'État, le patronat (le capital) et les syndicats (la classe ouvrière) : la classe ouvrière accepte de ne pas contester les rapports de production (la propriété privée) en échange d'un État social redistributif et de l'existence d'un système actif de négociations sociales. En

1. On peut consulter à ce propos P. Mattick, *Marx et Keynes,* Paris, Gallimard, 1972.

2. J.-A. Bergougnoux et B. Manin, *La Social-démocratie ou le Compromis,* Paris, PUF, 1979.

partant d'un autre point de vue, Keynes aboutit à une configuration analogue. Il s'agit pour lui de socialiser une partie croissante de la demande dans le cadre d'une offre qui reste largement privée (« L'État, dit-il, n'a pas intérêt à se charger de la propriété des moyens de production [1] »).

C'est pourquoi, depuis quarante ans, il y a des différences de degré, mais non de nature, entre les grandes social-démocraties et les États-providence des autres démocraties « bourgeoises, libérales, ou conservatrices ». Les social-démocraties sont plus keynésiennes que marxistes car elles sont fondées sur cette idée de compromis social *stable;* elles ne pensent plus, ou alors ce n'est que purement formel, la question de l'abolition du capitalisme [2]. Mais à l'inverse, les démocraties bourgeoises sont plus keynésiennes que libérales. Cette « convergence » apparaît nettement dans les pays où l'alternance politique a débouché sur la succession de gouvernements conservateurs et sociaux-démocrates. Jusqu'à Mme Thatcher au moins, l'exemple britannique était caractéristique. Si les conservateurs ont parfois dénationalisé certaines entreprises (réduction de la socialisation de l'offre), ils n'ont guère modifié le mouvement de socialisation de la demande; les reculs sur ce dernier point ont toujours été limités. Crossman disait en ce sens que « les courants qui portent la société vers l'étatisme sont beaucoup trop puissants pour pouvoir être endigués et le parti conservateur a toujours fait preuve d'une intuition politique beaucoup trop alerte pour entendre jouer au roi Canute [3] ».

1. *Op. cit.*, p. 392.

2. Le fait apparaît clairement dans de nombreux entretiens avec des syndicats ou des hommes politiques sociaux-démocrates rapportés par F. Fejtö, *la Social-démocratie quand même*, Paris, Laffont, 1980.

3. R.H. Crossman, « L'avenir du travaillisme », in *Nouveaux essais fabiens*, Paris, Éd. ouvrières, 1954, p. 88.

Canute, pour montrer sa puissance, avait annoncé que la marée s'arrêterait à ses pieds. Se rendant sur la plage entouré d'une grande foule, il dut se retirer plutôt que de périr noyé.

Conçue comme un mécanisme anti-crise, la politique keynésienne est aujourd'hui remise en cause par la crise économique. Ses « recettes » s'avèrent aussi difficilement capables de réduire le chômage que les remèdes de la politique classique pendant les années trente. Et la théorie keynésienne est aussi incapable de rendre compte des phénomènes actuels que la théorie classique il y a cinquante ans. L'équation keynésienne ne fonctionne donc plus. Il s'ensuit simultanément une crise de l'État-providence et une panne des social-démocraties.

Ce blocage de l'équation keynésienne se manifeste d'abord à travers la réduction considérable des effets sur la croissance des politiques de relance par le soutien de l'investissement ou de la consommation, réduction liée à l'ouverture des économies qui fait de la « contrainte extérieure » la variable clef de la gestion économique. Or, dans ce contexte, l'efficacité économique (la compétitivité) et le progrès social (réduction des inégalités et socialisation croissante de la demande) redeviennent contradictoires à court terme. Ce phénomène se cumule avec les modifications de la structure sociale – les données du compromis social – que nous avons analysées précédemment.

La poursuite du développement de l'État-providence est donc triplement remise en cause : économiquement, socialement, culturellement.

L'enjeu actuel doit ainsi être formulé de la manière suivante : *peut-on définir une nouvelle équation économico-sociale qui produise aujourd'hui les mêmes effets que l'équation keynésienne il y a quarante ans?*

La crise des années trente avait produit un renforcement de l'État-providence, la crise actuelle tend à produire du libéralisme. Pourquoi? Est-ce la seule voie pensable et possible?

C'est à ces questions qu'il nous faut maintenant répondre.

Deuxième partie

Le libéralisme, de la critique de l'État-providence à la théorie de la société sans État

1. Le retour du libéralisme

« Il y a dix ans, l'État était très largement considéré comme un instrument destiné à résoudre les problèmes; aujourd'hui, pour de très nombreuses personnes, le problème c'est l'État lui-même [1]. » Cette formule de Charles Schultze, qui fut le principal conseiller économique du président Carter, résume assez bien le contexte actuel de renaissance des idées libérales. Retour du libéralisme et crise du keynésianisme sont les deux faces complémentaires d'un même mouvement. Les politiques de « dérégulation » sont dans de nombreux pays à l'ordre du jour. La libération des prix, la réduction de l'intervention publique, l'allégement des réglementations constituent les principaux fondements des tentatives visant à définir une alternative au modèle keynésien classique.

A ce niveau, le libéralisme doit être compris dans son sens le plus global de doctrine fondée sur la dénonciation d'un rôle trop actif de l'État et sur la valorisation des vertus régulatrices du marché. Il tire sa force de sa *dimension critique*. Le retour du libéralisme doit être en ce sens principalement compris comme une critique de la critique de l'économie de marché. Prenons un exemple central : celui de la théorie des *externalités*. Le terme fut employé pour la première fois par Pigou en 1920 dans son *Economics of Welfare* [2]. Il désigne depuis cette période pour les économistes toutes les conséquences (coûts ou bénéfices) pour un agent X qui résultent des actions d'un autre agent Y, qui ne sont pas prises en compte dans le calcul des décisions de ce dernier [3]

1. H. Owen et C. Schultze, *Setting National Priorities : the Next Ten Years*, Washington, The Brookings Institution, septembre 1976.

2. C. Pigou, *Economics of Welfare*, Londres, 1920. Version très remaniée d'un ouvrage de 1912, *Wealth and Welfare*.

3. Cela signifie en d'autres termes qu'il n'y a pas de marché entre X et Y.

(exemples d'externalités négatives : la pollution qui n'est pas prise en compte dans les décisions d'investissements des entreprises, l'encombrement urbain qui n'est pas intégré par les promoteurs immobiliers, etc.). La production de ces effets d'externalité exprime le mauvais fonctionnement du marché (ou son inexistence) qui peut engendrer des décisions localement rationnelles mais globalement aberrantes. C'est sur la base de la reconnaissance de ces effets que les économistes comme Pigou reconnaissaient la nécessité d'une intervention correctrice de l'État [1]. La théorie des externalités servait ainsi de support pour légitimer l'intervention de l'État à l'intérieur même de la logique libérale, fondant paradoxalement une source inépuisable de motifs d'extension de l'État-réglementaire [2].

1. On voit que cette théorie ne faisait que rationaliser la façon dont les économistes abordaient depuis Adam Smith la question du rôle de l'État : il a pour fonction de *suppléer* aux insuffisances du marché ou de *corriger* ses effets pervers. Son intervention ne se légitime que dans ces deux cas.

2. Remarquons que, du point de vue de la théorie économique, cet appel à l'État pourrait être remplacé par un élargissement du marché. La réglementation sur la pollution par le bruit n'aurait pas de raison d'être s'il y avait un « marché du bruit » sur lequel se rencontreraient ceux qui le font et ceux qui le subissent. Mais la formation d'un marché a un coût, l'accession au marché suppose un investissement en informations, en temps, en préoccupations. Dans le cas de monopole (un seul producteur de nuisances et une multitude d'agents dispersés qui les subissent), le coût de formation d'un marché peut être trop élevé pour le pollué isolé. L'appel à l'État réglementaire se justifiera donc néanmoins.

On notera aussi que ce concept d'externalité pourrait également être compris dans une perspective sociologique : les effets non voulus de l'échange de marché sur la structure sociale (l'inégalité sociale comme résultat d'une procédure économique fondée sur l'échange égalitaire). Les externalités économiques traduisent une discontinuité entre le privé et le public (liée à la limitation du marché comme à son mauvais fonctionnement), les externalités « sociologiques » une disjonction de l'économique et du social. C'est cette approche sociologique qui légitime l'État-providence, alors que l'approche économique justifie l'État réglementaire. Des auteurs comme Sismondi ou Marx peuvent être relus avec profit dans cette perspective.

Les théoriciens libéraux ont inversé cette approche en développant le concept d'*internalité*[1]. Wolf définit une internalité comme l'effet de perturbation engendré par les structures et les modes de fonctionnement des organisations publiques non marchandes. Selon lui, il y a développement d'internalités à chaque fois que « les coûts et les bénéfices organisationnels et privés des bureaucrates et de la bureaucratie sont pris en compte dans la prise de décisions sociales » (exemples : la croissance d'un budget pris comme critère de réussite par une administration indépendamment du résultat de son action). Si le marché est sujet à des défaillances, il est donc impossible de les appréhender sans tenir compte symétriquement des défaillances du non-marchand (les *non-market failures*). Wolf intègre ainsi sa théorie des internalités dans une critique plus large, celle de la bureaucratie et des organisations publiques non marchandes[2].

Dans ces conditions, le libéralisme n'est plus seulement défensif, il se donne comme une doctrine de critique sociale. C'est ce qui lui permet de retrouver cette vigueur originelle qu'il avait au XVIIIe siècle, lorsqu'il apparaissait comme une doctrine de combat, dénonçant toutes les atteintes à la liberté économique comme autant de facteurs de gaspillages et d'injustices. Mais il est surtout fort parce qu'il se reconnaît comme *relatif*. Tous ces auteurs ne nient pas les défaillances du marché; ce qu'ils tentent de démontrer, c'est qu'elles sont *moindres* que celles de la bureaucratie. Leur libéralisme ne se présente plus comme doctrinaire et normatif (affirmation de l'autosuffisance du marché comme structure parfaite d'autorégulation) mais comme relatif. Le marché n'est pas décrit comme parfait, mais simplement comme étant le meilleur ou le moins mauvais des modes de régulation. Selon Hayek, il est en ce sens « le système qui permet d'assurer la mobilisation

1. Cf. principalement Charles Wolf Jr., « A Theory of Non-Market Failures : Framework for Implementation Analysis », *The Journal of Law and Economics*, avril 1979.

2. Cf. annexe « Les analyses économiques de la croissance de l'État-providence » (fiche 8).

la meilleure possible des informations, connaissances et compétences nécessaires à la régulation du système social ».

C'est donc sur la seule base d'un calcul coûts-avantages que le libéralisme contemporain entend affirmer sa supériorité [1]. C'est dans une perspective similaire que les théoriciens libéraux contemporains critiquent l'État-providence. Ils montrent que la redistribution qu'il opère est globalement inefficace et qu'elle aboutit même à des effets contraires à ce qui était souhaité [2]. Ils analysent la redistribution comme une forme de réglementation : la réglementation des rapports sociaux et des situations sociales. Même s'il n'est pas parfait donc, le marché assure dans tous les cas une meilleure conjonction des impératifs d'efficacité et de justice [3].

Mais cette approche « relativiste » n'est pas sans poser de problèmes. Si elle suffit à alimenter un discours critique, elle ne permet en aucune façon de fonder une théorie de l'État libéral. C'est à l'examen de cette question et des efforts entrepris dans cette direction qu'il nous faut maintenant consacrer notre attention.

1. C'est un des sens des travaux de l'école de la nouvelle économie du bien-être *(new welfare economics)*. L'un de ses fondateurs, William J. Baumol, s'est efforcé dans *Welfare Economics and the Theory of the State* (Cambridge (Mass.), Harvard U.P., 2ᵉ éd., 1967) de réévaluer la théorie des externalités elle-même dans cette perspective. Pour lui, l'existence d'une externalité ne doit entraîner une intervention du gouvernement que si le calcul coût-avantage le prescrit. En posant qu'une externalité « consiste dans l'interdépendance accompagnée d'un manque de compensation liée » (p. 25), il cherche à fonder une théorie strictement économique de l'État à partir d'une extension de cette réévaluation de la notion d'économie externe. Livre fondamental pour ce qui concerne la théorie libérale de l'État.

2. Cf. annexe « L'efficacité sociale de l'État-providence » (fiche 9).

3. On notera que la théorie moderne des transferts forfaitaires (Hicks, Kaldor, Scitovsky) va néanmoins plus loin. Elle suggère que l'existence d'un divorce entre les principes d'efficacité et de justice peut être surmontée sans perturbation des mécanismes du marché en effectuant des « transferts forfaitaires ». C'est le principe de l'aide à la personne contre le principe de la subvention des équipements (l'allocation-logement contre la subvention aux HLM par exemple).

2. L'introuvable État minimal

Au cœur de l'argumentation libérale, il y a l'idée que deux États coexisteraient dans l'État moderne : un État de droit, gardien de la démocratie et garant des libertés essentielles, et un État interventionniste, destructeur de ces libertés. Il faudrait donc réduire ou supprimer le second pour ne conserver que le premier; détruire le « mauvais » État pour ne laisser subsister que le « bon ». Mais comment les distinguer? A partir de quels critères? Comment définir pratiquement le « bon » État minimal?

La réponse à ces questions est apparemment simple. Depuis le XVIIIe siècle, les théoriciens du libéralisme enseignent en effet que le marché fonctionne comme principe d'autorégulation de la sphère économique [1]. C'est parce qu'il existe un tel « ordre naturel » que l'intervention de l'État est inutile et nuisible. Ce dernier doit se cantonner à maintenir cet ordre et à conserver les libertés sur lesquelles il se fonde. Les limites de l'État recoupent ainsi la frontière entre l'économique et le politique, ou, si l'on préfère, le privé et le public. Mais cette simplicité des principes est loin d'être opératoire. Écoutons par exemple William Simon, l'un des principaux conseillers économiques de Reagan. « Un minimum d'interventions de l'État, dit-il, est bien sûr nécessaire pour protéger une société, surtout de toutes les formes d'agression physique et des fraudes dans le domaine économique, et plus généralement, pour protéger la liberté et les droits constitutionnels du citoyen. Je ne suis pas prêt à dire ce que ce minimum précis d'interventions représente en termes de PNB, mais je suis certain d'une chose : si nous ne voulons pas que l'État s'immisce dans tous les domaines de notre vie privée et si nous voulons être libres et productifs,

1. Pour une analyse plus approfondie du concept de marché, je me permets de renvoyer le lecteur à mon précédent livre, *le Capitalisme utopique, critique de l'idéologie économique*, Paris, Éd. du Seuil, 1979.

il faut rechercher et établir une limite précise au-delà de laquelle l'État ne peut confisquer ce qui nous appartient [1]. » Cette citation est tout à fait significative. Simon reprend l'argumentation libérale traditionnelle, mais en même temps il avoue son incapacité d'en déduire un critère précis de délimitation de l'État. C'est ce paradoxe central qu'il nous faut comprendre : comment une doctrine théoriquement aussi tranchée de l'État peut-elle coexister avec une appréciation pratique aussi floue sur la dimension souhaitable de l'État? Pourquoi le libéralisme, qui fait de la critique de l'État le centre de son discours, s'avère-t-il dans les faits incapable d'en penser clairement les limites?

Mon hypothèse est que ce paradoxe s'enracine au cœur de la doctrine libérale classique de l'État, ou plus exactement qu'il résulte de l'absence d'une véritable « théorie » libérale de l'État dans cette « doctrine ». Regardons, en procédant à un détour un peu scolaire, comment quatre grands classiques du libéralisme traitent ce problème des limites de l'État : Smith, Bentham, Burke, Humboldt [2].

Adam Smith, le précurseur

La pensée d'Adam Smith est exemplaire de l'ambiguïté de la réflexion libérale sur l'État. Elle est, en effet, marquée par deux mouvements contradictoires successifs. Dans un premier temps, Adam Smith fait la théorie de la nécessaire réduction du rôle de l'État à partir de sa conception de l'autorégulation de la sphère économique par le marché. Mais, dans un second temps, il justifie une certaine extension de l'État à l'intérieur même de son

1. William E. Simon, *L'Heure de la vérité; halte aux dépenses publiques*, trad. française, Paris, Economica, 1981, p. 208.

2. Ces quatre auteurs n'ont pas été choisis au hasard. Ce sont ceux qui sont aujourd'hui les plus souvent cités par les nouveaux théoriciens du libéralisme. Si les trois premiers sont relativement connus, le quatrième l'est moins. Récemment « redécouvert », Humboldt mérite pourtant bien d'être considéré comme l'un des plus grands écrivains libéraux de la fin du XVIIIe siècle.

analyse économique. *Lectures on Justice, Police, Revenue and Arms* et *Recherches sur la nature et les causes de la richesse des nations* expriment les deux pôles de cette contradiction qu'il nous faut expliciter.

Ouvrons tout d'abord les *Lectures on Justice, Police, Revenue and Arms*. Il s'agit de cours professés à Glasgow en 1762-1763 [1]. Adam Smith est alors professeur de philosophie morale. Il enseigne la jurisprudence, c'est-à-dire, selon ses propres termes, « la théorie des principes généraux du droit et du gouvernement ». Il y a pour lui quatre grands objets de cette théorie, qui constituent autant d'attributions de l'État : la justice, la police, le revenu public et la défense. On notera qu'il inscrit explicitement sa réflexion dans la tradition ouverte par Grotius, Pufendorf et Hobbes, les grands théoriciens du droit politique et du droit naturel. Il ne dit pas grand-chose de novateur en matière de justice, de revenu public (c'est-à-dire de fiscalité) et de défense par rapport aux idées courantes de son temps : la justice fonde le gouvernement civil, elle a pour but de protéger les citoyens par le droit; la défense protège contre les agressions extérieures; le revenu public doit permettre de défrayer l'État des dépenses auxquelles il doit faire face pour remplir sa mission.

C'est à propos de la police que Smith innove le plus. Il entend le terme de police au sens classique du XVIIIe siècle : elle a pour but d'assumer « la régulation des parties inférieures du gouvernement, c'est-à-dire la propreté, la sécurité, le bon marché ou l'abondance des denrées » (*Lectures*, p. 486). L'intervention économique fait en effet alors naturellement partie des tâches dites de

1. Le titre complet du texte est *Jurisprudence or Notes from the Lectures on Justice, Police, Revenue and Arms*. Il s'agit de notes de cours. La première version est de 1762-1763 et la seconde de 1766. C'est celle de 1766 que nous citerons; elle a été découverte par E. Cannan à la fin du XIXe siècle (celle de 1762-1763 n'a été retrouvée que fort récemment). Les deux versions ont été publiées sous le titre *Lectures on Jurisprudence* par R. L. Meek, D. D. Raphael et P. G. Stein, Oxford, 1978.

police[1] : le prix des denrées comme la régularité des approvisionnements sont en effet considérés comme ayant une influence déterminante sur l'ordre public; l'organisation des professions est comprise comme une garantie du maintien de l'ordre social.

C'est cette dimension de l'action de police que Smith conteste le plus vigoureusement. S'il ne consacre que quelques lignes à l'entretien de la propreté des rues et à la prévention des crimes et délits – problèmes qu'il estime de peu d'intérêt dans son propos –, la critique de la police économique occupe près de la moitié de son cours. Mettant en place les premiers éléments du système conceptuel qui aboutira dix ans plus tard à *la Richesse des nations,* il montre minutieusement comment l'intervention économique de l'État contrecarre l'opulence publique. Celle-ci ne peut être artificiellement obtenue par des règlements, elle dépend uniquement de l'étendue de la division du travail. C'est le fonctionnement autonome du marché, fondé sur la poursuite du *self-interest,* qui peut seul garantir un développement optimal de la richesse. Le principe de l'autorégulation de la sphère économique par les mécanismes du marché permet ainsi à Smith de conclure à l'inutilité et à la nocivité de la police économique. A ce stade de sa réflexion, Smith ne fait donc que *retrancher* certains attributs de l'État tout en inscrivant son raisonnement dans le cadre de la philosophie politique classique. C'est du point de vue de cette logique politique que Smith se place pour fixer des limites à la police. C'est à l'intérieur même de la théorie classique de la police qu'il développe la nécessité de la liberté économique : celle-ci n'est qu'un moyen plus efficace et plus sûr d'atteindre le même but. Smith ne fait en ce sens que *corriger ponctuellement* la théorie classique de l'État. L'affirmation du marché fonctionne comme principe de réduction de la sphère du politique : la sphère du marché limite celle de l'État. C'est la séparation de l'écono-

1. Cf. par exemple le fameux *Traité de la police* de Delamarre, 4 vol. in-folio, 1705-1722, qui fait une très grande place à la réglementation économique.

mique et du politique, fondée sur la reconnaissance de l'autonomie de l'économique, qui constitue ainsi le critère central de délimitation de l'État chez Smith. C'est ce que ne cesseront de répéter après lui tous les chantres de l'État minimal.

Ce principe de délimitation n'est pourtant pas aussi automatique que Smith donne à le penser dans ce premier temps de sa réflexion. La façon dont il appréhende le « revenu du souverain ou de la République » dans le livre V de *la Richesse des nations* le montre bien.

Dans ce livre qui conclut son œuvre de la maturité, Smith reprend la question du rôle de l'État, en assignant trois devoirs au souverain. Le premier est un devoir de défense : « protéger la société contre la violence et l'invasion d'autres sociétés indépendantes [1]. » Le deuxième est un devoir de justice : « protéger autant qu'il est possible chacun des membres de la société contre l'injustice ou l'oppression de tout autre membre de cette société. » On retrouve là très exactement les tâches déjà évoquées dans les *Lectures,* les fonctions de police simple n'étant pas rappelées. Mais Smith définit un troisième devoir du souverain, qu'il n'avait précédemment jamais évoqué : « Le troisième et dernier des devoirs du souverain ou de la République est celui d'élever et d'entretenir ces ouvrages ou ces établissements publics dont une grande société retire d'immenses avantages, mais qui sont néanmoins de nature à ne pouvoir être entrepris ou entretenus par un ou par quelques particuliers, attendu que, pour ceux-ci, le profit ne saurait jamais leur en rembourser la dépense » (p. 63).

Smith reconnaît ainsi en retour certaines limites au marché. S'il suffit à autoréguler les actions économiques privées, il ne peut régler l'ensemble de la sphère économique : une partie de celle-ci reste inévitablement dans le domaine public ou politique. Les actions privées ne peuvent en effet se développer que s'il existe une certaine infrastructure publique (les routes, les ponts, les

1. Les citations sont extraites de l'édition Garnier en 6 volumes, Paris, 1822, t. IV.

canaux navigables, les ports [1] sont les principaux exemples qu'il cite). L'intervention économique de l'État se justifie donc par les limites du marché. Mais, en procédant à cette reconnaissance, Smith rend du même coup extrêmement fragile le critère de délimitation de l'État qu'il avait précédemment défini. Sans contredire le principe de l'autorégulation par le marché, il devient en effet possible de légitimer l'intervention économique et sociale de l'État uniquement à partir des « limites », des « manques », des « dysfonctionnements » de ce marché. Il n'y a plus aucun critère qui permette de tracer des bornes indiscutables à l'action de l'État. Toute l'économie du bien-être *(welfare economics)* qui s'est développée des années 1920 à nos jours est fondée sur le concept d'*externalité* qui traduit cette reconnaissance des limites du marché.

Même si elle est comprise comme simple action de « restauration » des mécanismes du marché, l'intervention de l'État peut ne plus connaître de limites clairement définissables. Il devient impossible de distinguer les actions de correction (qui peuvent présupposer des imperfections ou des vices intrinsèques au principe du marché) et les actions de restauration (qui partent du principe qu'il s'agit de rétablir les mécanismes du marché quand ils ont été artificiellement perturbés). Pour reprendre le langage d'Élie Halévy dans *la Formation du radicalisme philosophique,* on finit insensiblement par passer d'une conception de l'identité naturelle des intérêts à une conception de l'identité artificielle des intérêts.

C'est dans la mesure de cette incertitude que l'on peut parler d'une absence de théorie originale de l'État chez Smith. Il continue implicitement à s'inscrire dans le cadre intellectuel de l'État-protecteur, même lorsqu'il affirme la nécessaire autonomie de

1. Smith note à ce propos que s'il est souhaitable d'établir des systèmes de péage pour financer ces équipements, le déficit doit être rempli « par la contribution générale de toute la société », c'est-à-dire par l'impôt par l'intermédiaire de l'État. Sur toute la question des « biens collectifs », se reporter à la présentation résumée qui en est faite dans la fiche 8 des annexes.

l'économique [1]. C'est pourquoi il ne peut pas véritablement penser des critères opératoires de délimitation de l'État.

Les « agenda » et les « non-agenda » de Bentham

C'est dans un texte de 1801-1804, *Method and Leading Features of an Institute of Political Economy* [2] que Bentham établit sa fameuse distinction entre les « agenda » (ce que l'État peut faire) et les « non-agenda » (ce qu'il ne doit pas faire). Au départ de son raisonnement, une question générale : « Quelle est la place de l'économie politique dans le champ de la science politique? » Il considère en effet explicitement que les questions de la richesse et de la population constituent deux objets de l'art du gouvernement. Sa démarche initiale est donc fort proche de celle d'Adam Smith auquel il se réfère d'ailleurs en notant que son seul but est d'aborder de façon plus méthodique et plus précise que l'auteur de *la Richesse des nations* la question des limites de l'État. Toute la démonstration de Bentham est centrée sur la notion de *sponte acta*. Ce sont les actions individuelles dont la résultante produit automatiquement, sans aucune interférence extérieure, une augmentation de la richesse collective ou engendre un niveau adéquat de population. Ces *sponte acta* reposent sur une conception atomistique de la société. On retrouve le principe de l'harmonie naturelle des intérêts de Smith : en travaillant pour son propre profit, chaque individu concourt naturellement au développement de la richesse de tous et de chacun. C'est le marché qui régit les *sponte acta*. L'État ne doit donc en aucun cas s'immiscer dans ce processus spontané, car il ne pourrait que le perturber : « Tout ce qui est *sponte actum* de la part des individus rentre dans la catégorie des *non-agenda* de la part du gouvernement. Toute inter-

1. Si le sens logique de sa démarche est d'aller plus loin en substituant le concept de marché à celui de contrat, il ne l'accomplit pourtant jamais complètement.

2. In *Jeremy Bentham's Economic Writings*, Londres, 1954, vol. III, p. 305-380.

vention du gouvernement dans ce domaine est obligatoirement néfaste » (p. 341). Bentham fait ensuite une liste de ces *non-agenda :* accroissement de la monnaie en circulation, baisse autoritaire du taux de l'intérêt, subventions à des branches industrielles particulières, etc. « En règle générale, dit-il ainsi, rien ne doit être fait ou tenté par le gouvernement pour augmenter la richesse nationale. Être tranquille doit être le maître mot du gouvernement » (p. 333).

Le principe est donc le même que chez Adam Smith : les particuliers accordent naturellement toujours plus d'attention pour préserver et accroître leur richesse propre que le gouvernement pourrait jamais le faire. Même s'il doit être foncièrement prudent et réservé, le gouvernement peut pourtant intervenir dans certains cas : c'est la classe des *agenda.* Pourquoi? Tout d'abord parce qu'il peut être nécessaire de corriger certaines situations : « Dans cette catégorie rentrent les opérations qui consistent à écarter les obstacles aux *sponte acta* (p. 338). » Mais surtout parce qu'il peut dans certains cas agir sur ce qui conditionne l'activité individuelle : le savoir, les penchants humains et les facultés. C'est lorsqu'il y a déficience de ces *conditions de l'action* que l'État peut agir. Si l'État a un caractère artificiel – et la loi est toujours artificielle pour Bentham –, c'est pour favoriser l'expression de l'harmonie naturelle.

On voit que Bentham progresse de ce point de vue par rapport à Smith. La distinction entre l'identité naturelle et l'identité artificielle des intérêts sur laquelle il se fonde pour parler des *agenda* et des *sponte acta* lui permet d'intégrer le principe de l'autorégulation du marché dans une conception cohérente de l'État [1]. Mais cette conception cohérente ne fournit pourtant pas de critères pour limiter l'État. La liste des *non-agenda* qu'il établit

1. Il peut notamment intégrer dans cette perspective les fonctions de protection et de production de sécurité de l'État classique : elles constituent un cas d'artificialisme parmi d'autres chez Bentham, alors que Smith continue à maintenir la distinction économique/politique pour les prendre en compte.

est finalement singulièrement restreinte à côté de l'énorme champ que peut ouvrir sa conception des *agenda*. C'est d'ailleurs pourquoi il sera souvent considéré avec défiance par de nombreux libéraux du XIXe siècle. Suspicion accrue par la perception de la dynamique à laquelle l'utilitarisme pouvait donner naissance. « Pour ne pas être néfaste, écrit Bentham, l'action ou l'impulsion du gouvernement doit engendrer un bien supérieur à ce qui existerait sans lui » (p. 341). En posant ce principe, il permet en effet d'introduire une brèche dans l'affirmation de la nécessaire convergence des actions individuelles en matière économique. L'État pourra limiter l'action de quelques-uns pour favoriser les actions du plus grand nombre dans la perspective de l'arithmétique utilitariste [1].

La distinction privé/public chez Burke

Burke n'est pas seulement l'auteur des célèbres *Réflexions sur la Révolution en France*, il est plus globalement le grand philosophe politique anglais de la fin du XVIIIe siècle, dont l'œuvre entière exerça une influence considérable sur le libéralisme de son temps. C'est dans ses *Réflexions sur la rareté* [2] qu'il a abordé de la façon la plus claire le problème des limites de l'État. « Un des problèmes les plus complexes du législateur, y écrit-il, est de déterminer dans quel domaine l'État devrait intervenir et donner des directives dictées par la raison publique et ceux qu'il devrait abandonner à l'initiative privée » (p. 416).

La façon dont Burke traite cette question est exemplaire d'une certaine mutation du libéralisme au tournant du XVIIIe siècle, doublement et contradictoirement marqué par l'héritage d'Adam

1. On sait que de nombreux libéraux reprocheront plus tard à John Stuart Mill d'avoir été le cheval de Troie involontaire du socialisme en développant la philosophie utilitaire.

2. *Thoughts and Details on Scarcity* in *The Works of Edmund Burke*, Londres, 1827, vol. VII, p. 373-419; la première édition des *Réflexions* est de 1795.

Smith et les idées de Malthus. Burke partage la foi d'Adam Smith dans les vertus du « simple système de la liberté naturelle ». Il se situe comme lui dans la perspective optimiste de l'identité naturelle des intérêts. Mais il acquiesce en même temps au pessimisme social de Malthus dont l'*Essai sur le principe de population* (1798) donna le signal en ouvrant la polémique contre l'utopie anarchiste de Godwin et la philosophie du progrès de Condorcet. La position de Burke sur les limites de l'État est donc à la fois théorique et morale. En disciple de Smith, il estime que « dès que le gouvernement intervient sur le marché, tous les principes du marché seront faussés »; l'échange lié à des contrats libres fait automatiquement que ce qui profite à l'un profite à l'autre : toute l'économie suit ainsi « un ordre juste et naturel » dans lequel il y a convergence des intérêts entre les travailleurs et les employeurs. Mais sa défiance vis-à-vis de l'État a également d'autres racines, elle provient d'un pessimisme fondamental sur les possibilités de modifier l'ordre social existant. L'État ne doit pas être « présomptueux » selon son expression. « Le gouvernement, écrit-il, a le pouvoir d'éviter beaucoup de maux; mais d'une façon positive, il peut faire très peu de bien. » Burke marque ainsi un tournant décisif de la pensée libérale : elle devient avec lui indissociablement une théorie de l'autorégulation par le marché et une attitude politique et morale. Burke ne déplore pas seulement la perturbation des mécanismes du marché que l'action de l'État peut entraîner. Il dénonce aussi les illusions politiques liées à une trop grande intervention de l'État. Il critique ainsi la monarchie française d'avoir été mue par un désir de trop gouverner. Du même coup, dit-il, « la main de l'autorité était vue dans chaque chose et à chaque endroit ». C'est ce qui a provoqué la Révolution française et entretenu l'utopie d'une réformation radicale de la société par le sommet [1]. De la même façon, il estime qu'une

1. On voit à ce propos à quel point Tocqueville a été marqué par Burke. C'est chez ce dernier qu'il faut trouver l'origine de quelques-uns des grands thèmes de *l'Ancien Régime et la Révolution.*

trop grande intervention de l'État en matière de « subsistance du peuple » peut engendrer des conséquences fâcheuses. « Il ne faut pas que les gens s'habituent à recevoir leur pain des mains du gouvernement, dit-il, car, à la moindre rareté, ils mordront la main qui les a nourris » (p. 403). On voit même apparaître chez lui les prémisses d'une théorie de la non-réversibilité de l'accroissement de l'État [1]. Les cycles de disette et d'abondance étant des cycles longs, Burke estime en effet qu'il est dangereux de prendre des mesures circonstancielles liées à une conjoncture défavorable, car il devient ensuite impossible de ne pas les maintenir. Peut-on alors définir des critères objectifs de délimitation de l'État? Burke pose le principe suivant : « La ligne la plus claire de distinction que l'on puisse tracer est que l'État devrait borner son activité à ce qui le concerne, ou à ses créations, c'est-à-dire aux institutions de sa religion, à sa magistrature, à ses revenus, à ses forces militaires sur terre et sur mer, aux corporations qui lui doivent son existence; en un mot, à tout ce qui est *vraiment et spécifiquement* public : la paix publique, la sûreté publique, l'ordre public, la prospérité publique. Sa politique préventive devrait se montrer avare de ses efforts et employer des moyens plutôt peu nombreux et peu fréquents mais forts, que nombreux et fréquents, parce que évidemment, en même temps qu'ils multiplient leur course politique mesquine, ils s'affaiblissent, diminués et inefficaces » (p. 416-417).

Mais ce critère de délimitation de l'État fondé sur la distinction privé/public est-il vraiment opératoire? Burke reconnaît lui-même que ce principe admet des exceptions dont « beaucoup sont permanentes et quelques-unes occasionnelles ». C'est en ce sens qu'il échoue également à fonder une véritable théorie de l'État minimal. Les éléments les plus solides d'une telle théorie que l'on trouve chez lui sont finalement essentiellement sociaux et politiques. C'est la conservation de l'ordre social existant qui constitue le point de repère le plus sûr, car l'État se voit alors assigner une

1. Théorie récemment systématisée par A. T. Peacock et J. Wiseman.

tâche positive repérable et clairement délimitée. Il doit se borner à « permettre aux riches de dormir tranquillement dans leur lit », selon l'expression de Smith. C'est le passage de l'« État minimal théorique » à l'« État minimal au service de la bourgeoisie ».

Humboldt et l'État de sûreté

Guillaume de Humboldt, philosophe et diplomate allemand, frère d'Alexandre le voyageur, écrivit en 1792 un *Essai sur les limites de l'action de l'État* qui ne fut publié qu'en 1851 après sa mort [1]. Le livre eut un grand retentissement et constitua l'une des références clefs des libéraux de la seconde moitié du XIXe siècle [2]. Comme Burke, Humboldt insiste sur la dimension négative du rôle de l'État. Le but de l'État, dit-il, peut être double : « Il recherche le bonheur ou bien il se borne à empêcher le mal. » Il critique vigoureusement la recherche du bien positif comme objet de l'action de l'État et pose dès le départ cette définition : « L'État s'ingère à tort dans les affaires privées des citoyens, toutes les fois qu'elles n'ont pas un rapport immédiat avec une atteinte portée au droit de l'un par les autres » (p. 23).

Si l'État doit se limiter à une telle action négative, c'est que toute intervention positive obéit, selon lui, à une logique qui devient rapidement impossible à maîtriser. Humboldt est, à cet égard, le précurseur de toutes les critiques libérales modernes de la bureaucratie. Il montre comment le développement de l'État accélère les mécanismes de demande d'État. Moins la société est cohérente, active, et plus l'État doit intervenir. L'attente du secours de l'État, le manque d'initiative personnelle, estime-t-il, s'ac-

1. Trad. française, Paris, 1867; c'est cette traduction que nous citerons.

2. Cf. par exemple les très nombreuses références à Humboldt chez Édouard Laboulaye, *l'État et ses limites,* Paris, 1863; Édouard Ducpétiaux, *Mission de l'État, ses règles et ses limites,* Bruxelles, 1861; Paul Leroy-Beaulieu, *l'État moderne et ses fonctions,* Paris, 1890.

On peut également consulter *la Philosophie individualiste, étude sur Guillaume de Humboldt,* par Challemel-Lacour, Paris, 1864.

croissent au fur et à mesure que l'État prétend intervenir pour y répondre : « Le vice d'où naissent ces maux est ensuite engendré par eux. » C'est donc une analyse en termes d'effets pervers que mène Humboldt. Il renverse la formule de Mandeville en dénonçant les vices privés qui naissent de la vertu publique. Mais il montre également que la croissance de l'État finit par obéir à une logique interne, purement mécanique, indépendante de ses objectifs initiaux affichés. L'administration se nourrit de ses propres tâches : « Ceux qui traitent les affaires d'État tendent de plus en plus à négliger les choses elles-mêmes pour n'en considérer que la forme [...]. De là naissent des formes nouvelles, de nouvelles complications, souvent de nouvelles prescriptions restrictives, qui, tout naturellement, donnent lieu à un nouveau renfort de fonctionnaires. De là, tous les dix ans, dans la plupart des États, une extension du personnel des employés, un agrandissement de la bureaucratie » (p. 47).

L'État est donc entraîné dans une dynamique de croissance irréversible quand il entend se soucier du bien positif des citoyens. C'est pourquoi il n'y a pas de limites assignables à l'État dès lors qu'il s'engage dans cette voie. La seule solution consiste donc à fixer un but négatif à l'État. Le principe clef de Humboldt est que « l'État ne doit se mêler en rien de ce qui ne concerne pas exclusivement la sûreté » (p. 53). La sûreté est en effet la seule chose que l'homme isolé, livré à ses propres forces, ne puisse se procurer par lui-même. Humboldt revient ainsi à la définition classique de l'État protecteur : « La conservation de la sûreté, soit contre les ennemis du dehors, soit contre les troubles intérieurs, est le but que doit se proposer l'État » (p. 62-63). Mais son opposition entre la sûreté et le bien positif, si souvent reprise au XIXe siècle, peut-elle vraiment fonder une théorie et une pratique de l'État minimal? Tout l'intérêt du livre de Humboldt tient à la conscience qu'il a de cette difficulté. Il se rend compte que son principe ne peut véritablement servir à fixer les bornes de l'État que s'il définit avec précision la notion même de sûreté ainsi que les moyens de la garantir.

Humboldt examine d'abord les différentes interventions que l'État peut développer pour garantir la sûreté : il peut réparer ou punir; prévenir; « imprimer aux citoyens, à leur caractère, à leur esprit, une direction qui conduise vers ce but ». Seul le premier moyen lui apparaît acceptable. L'État doit se borner « à toucher aux actes qui empiètent immédiatement et directement sur le droit d'autrui, à décider le droit litigieux, à rétablir le droit violé et à punir le violateur » (p. 140). Pourquoi? Tout simplement parce que son action pourrait à nouveau s'étendre à l'infini s'il tentait de mettre en forme la société, de modeler la nation selon ses vœux dans une optique préventive. S'occuper d'éducation publique, de religion ou d'amélioration des mœurs, c'est ouvrir de nouveau la voie à un État omniprésent. Les lois, estime-t-il en outre, ne doivent pas être « extérieures » aux citoyens; seule une « puissante contrainte intérieure » peut être efficace dans ces domaines.

Mais qu'est-ce que la sûreté à laquelle l'action de l'État doit se limiter? Humboldt fait de cette question de l'« étendue de la sûreté » le cœur de son raisonnement. « Cette étendue, écrit-il, est d'une importance capitale; si elle est exagérée, ou si elle est trop restreinte, alors, de quelques mots que l'on se serve, toutes les limites sont confondues. Sans une détermination exacte de cette étendue, on ne saurait songer à poser justement ces bornes » (p. 141). C'est bien en effet sur ce point que se joue la question de savoir s'il est possible de définir clairement un État minimal, qui soit un « pur » État protecteur. Humboldt perçoit le danger de glissement – historiquement vérifié – et d'élargissement de cette notion de protection. Il note par exemple que « de bons esprits ont désiré rendre l'État responsable en tout du bien-être des citoyens, précisément par préoccupation et en faveur de la liberté » (p. 141). Il perçoit la logique du mouvement – et c'est son originalité à mon sens – qui conduit de l'État-protecteur, tel que l'ont pensé les théoriciens classiques, à l'État-providence moderne.

Il définit ainsi de façon très restrictive la sûreté comme *assu-*

rance de la liberté légitime. La sûreté n'est donc pas troublée par toutes les actions qui empêchent l'homme de faire agir ses facultés ou de jouir de son bien, mais seulement par celles qui l'en empêchent *illégitimement*. L'action de l'État pour garantir la liberté des citoyens doit donc se borner « à limiter ou défendre les actes dont les conséquences portent atteinte aux *droits* des autres hommes, attaquent leur liberté et leur propriété, sans ou contre leur volonté, ou bien encore les actes qui doivent vraisemblablement amener ce résultat » (p. 156). Humboldt ne fait ainsi que définir l'État minimal comme État de droit. Cet État ne peut être minimal que si la loi est elle-même minimale. *Sa conception implique ainsi une théorie de la limitation de la sphère du droit*. C'est là le pivot de toute sa démonstration. Il s'élève par exemple contre les lois qui visent à punir les actes qui ne concernent que leurs auteurs (infractions aux mœurs, suicide, etc.). Mais il pose surtout « le principe infaillible de la nécessité » qu'il oppose au « principe incertain d'une utilité calculée selon des vraisemblances trompeuses ». Seul le principe de nécessité conduit à ses yeux « à des résultats certains et faillibles » alors que le principe de l'utilité est le fondement d'une dynamique de l'intervention de l'État. « La préoccupation de l'utile, conclut-il, conduit surtout à des dispositions positives, la préoccupation du nécessaire à des dispositions négatives » (p. 254).

Si Humboldt est le théoricien libéral qui va le plus loin dans sa tentative de définition des limites de l'État, il ne parvient pourtant pas à résoudre le problème qu'il avait posé. Il ne dit pas *qui* fait le droit, ne propose aucun critère du juste, du *nomos*, de la loi. Tout son édifice s'écroule, en outre, si l'on se place dans une perspective d'extension et de développement du droit. Or, cette extension ne caractérise-t-elle pas les sociétés modernes? La libre disposition de soi et la conservation de sa propriété ne peuvent plus être considérées comme les deux seuls droits de base caractérisant la sûreté.

Les tentatives de Smith, Burke, Bentham et Humboldt, avec

leurs points communs et leurs différences, mènent ainsi toutes à une impasse. Elles s'avèrent difficilement capables de fonder une théorie libérale de l'État minimal. Dans tous les cas, ils restent relativement prisonniers de la représentation classique de l'État-protecteur qui rentre en contradiction, à un moment ou à un autre, avec le principe de l'autorégulation par le marché. C'est dans cette mesure que le libéralisme s'avère intellectuellement incapable de penser l'arrêt de l'État-providence. La façon dont il appréhende les problèmes de police, au sens ancien de règlements concernant la sûreté et la commodité des citoyens, est particulièrement significative de cette incapacité. C'est le problème central sur lequel ont buté tous les théoriciens du libéralisme, d'Adam Smith au XVIIIe siècle à Paul Leroy-Beaulieu au XIXe siècle.

D'une façon générale, les théoriciens du libéralisme sont restés prisonniers d'une conception purement instrumentale de l'État. Ils ont pensé la croissance de l'État comme un effet pervers, une excroissance bureaucratique. Aucun d'entre eux n'a saisi et analysé le lien intime qui unissait l'État comme forme politique à l'avènement de l'individu dans les sociétés modernes. Ils ont ainsi généralement été empêchés de comprendre la dynamique profonde de l'État-protecteur et la logique de sa transformation en État-providence.

C'est en fonction de cet impensé du libéralisme et de ses conséquences qu'il faut comprendre les récentes tentatives de certains « néo-libéraux » américains comme Rawls, Nozick et Buchanan pour aborder sous un jour nouveau la question de l'État minimal.

3. La théorie économique du non-État

Le libéralisme classique reste ainsi enfermé dans un paradoxe. Il élabore une théorie économique de l'autorégulation du social par le marché, mais, en même temps, il ne s'est pas véritablement émancipé de la représentation politique traditionnelle de l'État-protecteur, telle que Locke l'incarne par exemple. Au cœur de ce paradoxe, le traitement de la question de la sûreté. Smith ou Humboldt continuent à l'appréhender de façon politique, ils ne parviennent pas – ou ne tentent même pas – de la penser à partir d'une intelligence économique de la régulation du social [1]. C'est dans cette mesure, comme nous l'avons vu, que leur conception de l'État minimal se heurte à des difficultés insurmontables.

Cette contradiction ne sera véritablement résolue que par les théoriciens de l'anarchisme libéral, comme Paine et surtout Godwin. Ils poursuivent en effet l'œuvre de réduction de la sphère de la police entreprise par Smith en la poussant à sa conséquence ultime : la dissolution pure et simple de la sphère du politique. Ils conçoivent une société absolument immanente à elle-même. Tout État est par essence inutile et nocif à leurs yeux dans la mesure où il ne peut être qu'extérieur à la société. L'existence d'un

1. Pour être précis, il faut cependant noter que Smith est parfois proche de s'engager dans une telle voie. Il dit ainsi dans le manuscrit de 1762-1763 des *Lectures on Jurisprudence* dans le paragraphe concernant la police : « Ce ne sont pas tant les règlements de police qui préservent la sécurité d'une nation, que le fait d'avoir le moins possible de serviteurs et de gens. Rien ne tend autant à corrompre et à énerver l'esprit que la dépendance. Le commerce est un moyen préventif pour limiter la dépendance. » Mais il ne radicalisera jamais cette approche, comme en témoigne la facture du livre V de *la Richesse des nations*.

« État-veilleur de nuit » ne se justifie même pas : l'ordre social est totalement « naturel ».

Cette pensée, qui a peu marqué le libéralisme européen [1], a par contre joué un rôle essentiel dans le libéralisme américain depuis deux siècles. Paine et Godwin n'ont cessé de constituer pour lui une référence essentielle, d'essence libertaire (l'exaltation de l'individu contre l'État). Ils font partie de ces auteurs dont les citations fleurissent en épigraphe à de nombreux livres.

La représentation libérale de l'État oscille ainsi entre Locke et Godwin, entre le pôle du libéralisme positif – l'État producteur et gardien de droits – et le pôle du libéralisme utopique, fondé sur la négation radicale de l'État et l'immanence du social.

C'est dans ce contexte qu'il faut comprendre l'entreprise intellectuelle de certains néo-libéraux américains actuels. Ils perçoivent que la critique de l'État-providence ne peut aboutir que si elle va jusqu'à une remise en cause de son véritable fondement : l'État de droit classique comme État-protecteur. C'est à la théorie du contrat qu'il faut donc s'attaquer pour penser l'arrêt de l'État-providence. Mais, d'un autre côté, ils perçoivent également que l'« optimisme imprudent » de Godwin, selon la formule de Nozick, est difficilement tenable. En d'autres termes, ils refusent à la fois le point de départ de Locke (la théorie du contrat) et le point d'arrivée de Godwin (la société sans État). Ils enregistrent l'échec des tentatives de délimitation de l'État-protecteur. Leur but n'est pas, après Burke ou Humboldt, de définir des critères pour contenir et prévenir l'extension d'un État minimal d'origine contractuelle. Leur objectif est de penser une sorte d'État minimal qui soit d'une autre nature que l'État de sûreté classique. Ils ne théorisent pas la limitation de l'État par le marché, mais visent au contraire à définir un type d'État consubstantiel à la société de marché, totalement immergé en son

1. C'est, on le sait, paradoxalement le marxisme qui s'est fait l'héritier de cette conception du dépérissement de l'État et de l'extinction du politique.

sein. ***Leur tentative consiste en ce sens à penser un État qui soit un « non-État »***, au sens usuel du terme.

Robert Nozick est certainement l'auteur qui a été le plus loin dans cette direction. Le livre qu'il a publié en 1974, *Anarchy, State and Utopia* [1], eut un énorme retentissement intellectuel aux États-Unis. Il vaut la peine de résumer le sens de sa démarche à laquelle se réfèrent actuellement tous ceux qui cherchent à donner un fondement philosophique à leur critique de l'État-providence.

Nozick s'inscrit dans la perspective anarchiste et libertarienne, tout en en contestant la réfutation finale de la légitimité de toute forme d'État. Pour développer son argument, Nozick raisonne, comme Hobbes ou Locke, à partir de l'État de nature. Mais il essaie de montrer contre eux qu'il n'est pas nécessaire de formuler l'hypothèse d'un contrat social – fondant un État politique extérieur à la société – pour sortir des inconvénients de cet état de nature (la guerre de tous contre tous liée à l'incertitude de la distinction entre le « mien » et le « tien »). Il s'agit pour lui de penser l'émergence d'un État minimal à partir d'une intelligence strictement économique du social. « Pour expliquer fondamentalement le politique à partir du non-politique, écrit-il, il faut soit partir d'une situation non politique et montrer comment et pourquoi une situation politique émergera en son sein, soit partir d'une situation politique qui sera comprise non politiquement, ses caractéristiques étant dérivées d'une description non politique » (p. 7).

Au point de départ, l'état, non politique, de nature. Il est incertain. Les individus ont donc besoin de se défendre, de protéger leurs vies et leurs biens. Pour cela, explique Nozick [2], ils forment des *associations de protection mutuelle* : des groupes

1. R. Nozick, *Anarchy, State and Utopia*, New York, Basic Books, 1974. Nozick, qui est professeur de philosophie à Harvard, a reçu en 1975 un *national book award* pour son livre.

2. Il va de soi que toute cette démonstration de Nozick est d'ordre purement logique; elle est non historique. Nozick ne prétend pas tracer ainsi la genèse réelle de l'émergence de l'État.

se forment à l'intérieur desquels les participants s'engagent à se protéger mutuellement. Mais ces associations sont fragiles. Elles impliquent une capacité permanente de mobilisation de leurs membres et ne permettent pas de trancher d'éventuels conflits entre ceux-ci; elles présupposent l'unité d'un intérieur face à un extérieur. C'est dans cette mesure que se développent des *agences de protection*. Une division du travail s'établit entre ceux qui « produisent » la protection et ceux qui en bénéficient : « Des gens seront payés pour exercer la fonction de protection, et des entrepreneurs se lanceront dans la vente de services de protection. Différentes politiques de protection seront ainsi offertes, à différents prix, selon que les acheteurs désirent une protection plus ou moins étendue et élaborée » (p. 13). Il y a donc mise en place, sur un même territoire, de différentes entreprises de protection offrant leurs services.

Il en résulte toute une série de difficultés, notamment en cas de conflits entre deux agences : la première voulant par exemple obtenir une compensation pour un préjudice causé à l'un de ses clients alors même que la seconde cherchera à protéger son client reconnu coupable du préjudice envers le client de la première. Dans ce contexte, explique Nozick, il ne peut y avoir que trois solutions : 1) il y a conflit ouvert entre les deux associations, et la plus forte est gagnante, mais c'est une sorte de retour au droit du plus fort de l'état de nature; 2) il y a constitution d'une frontière qui sépare les zones d'opérations des deux agences, chacune d'elles étant maîtresse sur son territoire, mais les conflits se polarisent alors sur la fixation des frontières; 3) si les conflits se répètent et que les uns et les autres gagnent ou perdent successivement, émerge alors progressivement un système de « cours d'appel ».

Le processus conduit alors insensiblement à la formation d'une *agence protective dominante,* constituant une sorte de monopole de l'offre de services de protection. « Pour sortir de l'anarchie, conclut ainsi Nozick, sous la pression des regroupements spontanés, des associations de protection mutuelle, de la division du travail, des économies d'échelle et de l'intérêt rationnel, émerge ainsi quelque chose qui ressemble beaucoup à un État minimal ou à un groupe d'États minimaux géographiquement distincts » (p. 16-17).

Cette explication, reconnaît-il, pose un problème de fond. Elle montre comment un monopole de l'offre émerge naturellement d'une situation de concurrence, alors que la théorie libérale enseigne « que le monopole naît toujours d'une violence faite à l'ordre naturel de la concurrence ». Nozick répond à cette objection en estimant que le marché de la protection n'est pas un marché comme les autres. Le produit-protection n'a qu'une *valeur relative* alors que tous les autres biens économiques ont une valeur intrinsèque. La valeur de la protection offerte par une agence est en effet uniquement dépendante de la force des autres agences. Contrairement aux marchandises qui sont évaluées comparativement, des services de protection maximaux ne peuvent pas coexister concurrentiellement. C'est le seul cas dans lequel la concurrence se traduise immédiatement par un conflit ouvert, une forme de violence. C'est de cette façon que Nozick justifie « économiquement » l'émergence d'une agence protective dominante.

Cette agence privée dominante est-elle vraiment un État minimal? Non, reconnaît Nozick. Un État minimal a en effet le *monopole* de l'usage de la force sur son propre territoire. Ce qui n'est pas le cas avec une agence dominante : elle ne saurait empêcher, étant donné sa nature, des gens de faire valoir eux-mêmes leurs propres droits. Mais l'État minimal se caractérise également par le fait qu'il protège tous les individus présents sur son territoire. Il est en ce sens *redistributif*. L'État veilleur de nuit contraint nécessairement certaines personnes à payer plus que d'autres ou même à payer la protection des autres.

Arrivé à cette étape cruciale de son raisonnement, Nozick se voit donc contraint, pour justifier l'existence d'un certain État minimal, d'expliquer économiquement et moralement comment l'agence dominante, déjà bénéficiaire d'un monopole de l'offre de protection, peut s'instituer en détentrice légitime d'un monopole de l'usage de la force et comment elle est amenée à opérer une certaine redistribution des biens de protection.

Examinons d'abord sa théorie de la légitimation du monopole de la force. Pour Nozick, chaque individu est conçu à partir d'une analogie territoriale : il y a un « espace moral » qui entoure chaque individu et qui définit son autonomie de la même façon que sa propriété constitue un espace géographique qui le prolonge. Il pose comme principe éthique de base que chaque individu étant défini par cet espace, ses droits de base, « naturels », sont violés si des actions ou des interventions transgressent la frontière qui le délimite. Tout dommage à autrui peut être considéré comme étant la conséquence d'une telle transgression. Il doit donc être compensé, d'après une règle économique simple : la compensation doit être équivalente au dommage; elle constitue une sorte de « péage » fixé pour prix de l'intrusion dans un territoire privé.

Mais il y a des dommages qui ne sont pas compensables : le dommage qu'engendre la peur d'une menace virtuelle permanente, par exemple, la mort, etc. L'agence de protection se voit alors autorisée à intervenir dans les activités des « indépendants » qui ne sont pas ses clients pour prévenir leurs *activités risquées* non compensables. C'est pourquoi elle est fondée à substituer au principe premier de la permission de franchir les « frontières » de l'individu pourvu qu'il y ait compensation un second principe d'interdiction de tous les franchissements de frontière qui n'ont pas été préalablement autorisés par les intéressés. C'est en ce sens qu'elle peut légitimement exercer une contrainte sur les « indépendants ».

Cette agence de protection qui a conquis préalablement un monopole de fait de l'offre de protection se voit ainsi dotée d'un monopole d'usage de la contrainte, dans le but de prévenir les actions risquées non compensables et l'ensemble des actions non autorisées de franchissement des frontières individuelles, sur son territoire (que Nozick suppose être formé par la réunion des

« territoires individuels » de ses clients). Elle se transforme en *État ultra-minimal,* système intermédiaire entre l'agence dominante de protection et l'État minimal. « L'État ultra-minimal détient un monopole de l'usage de la force, à l'exception de l'autodéfense immédiate, et exclut toute action de représailles privées, mais il n'offre ses services de protection et de rétablissement des droits violés qu'à ceux qui les achètent. »

C'est la théorie de la compensation qui permet à Nozick d'expliquer ensuite économiquement le passage à l'État minimal qui implique une redistribution de la protection, celle-ci devenant offerte à ceux-là mêmes qui n'ont pas payé pour elle. C'est le point clef de son raisonnement dont les conséquences sont les plus importantes dans sa critique de l'État-providence. Suivons-le.

Les « indépendants » sont empêchés par l'État ultra-minimal, comme quiconque, de faire valoir eux-mêmes leurs droits. Comme ils ne sont pas clients de l'agence, ils n'ont donc aucun moyen de faire valoir leurs droits. Ils subissent ainsi un dommage, un préjudice. Dans la logique de l'échange économique, il doit être compensé. « Les clients de l'agence protectrice, dit Nozick, doivent compenser les désavantages imposés aux indépendants en leur interdisant de mettre en œuvre des procédures privées pour faire valoir leurs propres droits auprès des clients de l'agence. La façon la moins coûteuse de compenser les indépendants serait sans aucun doute de leur fournir les services de protection [...]. Ce serait moins coûteux que de les laisser sans protection contre les violations de leurs droits et d'essayer ensuite de leur payer des dommages et intérêts » (p. 110-111).

L'État minimal – caractérisé par le fait qu'il offre sa protection à tous ceux qui se trouvent sur son territoire – apparaît à ce stade.

Cette « réécriture » de l'émergence de l'État minimal permet à Nozick de rester fidèle au principe anarchiste de refus de toute violation du territoire de l'individu. L'État minimal qu'il définit est globalement le produit d'une explication en termes de main invisible *(invisible-hand explanation) :* il est compris à partir d'une intelligence strictement économique et individualiste des relations sociales. Le choix n'est donc plus à ses yeux entre l'État-protecteur classique et l'anarchie. Il parvient à définir logiquement un État minimal qui soit un non-État, au sens contractualiste et politique du terme : il n'est pas extérieur à la société et ne produit aucun droit propre.

On peut juger fragile toute cette construction intellectuelle. Et elle l'est effectivement à bien des égards. Nozick explique mal l'unité territoriale de l'État; il ne dit rien de la viabilité dimensionnelle de l'État; son explication de la spécificité du « marché de la protection » renvoie inévitablement à la catégorie du politique qu'il cherche à bannir; son schéma ne peut être élargi pour comprendre la dynamique des relations inter-étatiques; sa théorie de la compensation et des activités risquées n'est pas toujours sans failles, etc. [1].

Dans le mouvement contemporain du libéralisme, elle joue pourtant un rôle déterminant en élaborant une théorie de l'État minimal qui permet de résoudre les contradictions de la pensée libérale classique sur les limites de l'État. Comme nous l'avons déjà vu, l'État-protecteur classique se donne immédiatement comme un État redistributeur de protection sur la seule base de

1. On sait d'ailleurs que le développement des idées libérales dans l'Europe du XIXe siècle est lié à la revendication du principe des nationalités. Allant jusqu'au bout des conceptions libérales, l'économiste Molinari écrira : « L'idée de soumettre les gouvernements au régime de la concurrence est généralement encore regardée comme chimérique. Mais, sur ce point, les faits devancent peut-être la théorie. Le droit de sécession, qui se fraye aujourd'hui son chemin dans le monde, aura pour conséquence nécessaire l'établissement de la liberté de gouvernement. Le jour où ce droit sera reconnu et appliqué dans toute son étendue habituelle, la *concurrence politique* servira de complément à la concurrence agricole, industrielle et commerciale » (cité par P. Leroy-Beaulieu, *l'État moderne et ses fonctions, op. cit.*, p. 73). Dans cette perspective de lecture économique du politique, les États seraient naturellement fluctuants, s'accroissant ou scissionnant au gré des conditions de la concurrence politique. Ils ne pourraient plus être définis comme des monopoles détenteurs de la violence légitime.

la logique du contrat social, car l'impôt, qui est « le salaire dû à celui qui tient le glaive public pour défendre les particuliers dans l'exercice de leurs divers métiers ou professions » (Hobbes, *le Léviathan, op. cit.*, p. 368), est toujours nécessairement fonction de la richesse ou de la consommation. Mais du même coup, et c'est à cette extension qui caractérise historiquement l'État-protecteur/providence que Nozick veut mettre un frein, si le principe de redistribution est légitime dans un domaine (la sûreté), rien ne s'oppose à ce qu'il s'étende ensuite à d'autres domaines à la suite d'éléments de reformulation implicite ou explicite du contrat social. En substituant à ce principe de la redistribution celui de la compensation, Nozick fournit la base d'une critique de l'illégitimité de l'État-providence. Ce n'est à ses yeux que fortuitement presque que le principe de compensation pour les « indépendants » se traduit par un mécanisme de redistribution de l'offre de protection. Il s'agit donc d'un cas particulier et non plus d'un principe général dont la protection ne serait que le premier exemple historique d'application.

Cette tentative de Nozick doit certes être ramenée à sa juste dimension. Mais dans la mesure même où l'enjeu de l'avenir de l'État-providence se joue pour une bonne part sur le terrain de nos représentations sociales, elle peut exercer un rôle décisif.

4. La justice distributive contre l'État redistributeur

La critique libérale de l'État-providence ne peut se limiter à montrer la possibilité de penser un État minimal de sûreté non redistributeur et à démontrer sa légitimité du point de vue de l'individualisme le plus radical comme le fait Nozick. Pour achever son entreprise, elle doit en effet également traiter de sa légitimité en termes de morale sociale, c'est-à-dire faire la preuve que la nature de cet État minimal est conforme à une norme de justice. Cette démonstration repose très classiquement sur la distinction entre *justice commutative* et *justice distributive*[1].

La théorie économique de l'échange marchand prétend, depuis Adam Smith, avoir résolu la question de la justice commutative. Le marché repose en effet pour elle sur le principe d'un échange équilibré – valeur contre valeur – mutuellement avantageux. Il est en ce sens à la fois efficace et équitable. Il est efficace parce qu'il fait bénéficier tous ceux qui y participent des avantages de la division du travail qui résulte du développement des échanges. Il est équitable parce qu'il repose sur le principe de l'échange égalitaire. Adam Smith écrira ainsi dans *la Richesse des nations* que le marché représente l'« accord admirable de l'intérêt et de la justice ». La justice est inscrite dans le seul espace des échanges équivalents. Dans le même temps, le marché est analysé comme un mécanisme biologique d'autorégulation. Il s'identifie au « système de la liberté naturelle »; c'est sur elle qu'il se fonde. Liberté, efficacité et équité sont conçues comme étant indissociables : le marché est défini et structuré par la liberté qui est la condition de la convergence entre l'efficacité et la justice.

C'est le théorème de base du libéralisme classique. On ne saurait

1. Cf. annexe « Les théories néo-libérales de la justice » (fiche 10).

ainsi selon lui toucher à l'un de ces trois éléments sans fausser les deux autres : entraver le libre jeu du marché entraîne nécessairement une réduction de l'efficacité économique et une introduction d'injustices.

Dans cette perspective, le développement d'inégalités peut être rigoureusement compatible avec le principe de l'échange équitable. Les inégalités sont comprises comme le résultat de la liberté ou plus exactement de l'usage différent que les individus choisissent de faire de leur liberté. Elles proviennent du fait que des individus peuvent décider de travailler moins ou de prendre moins de risques que d'autres par exemple. Ces inégalités sont donc justes. Elles traduisent des différences librement désirées et non pas des injustices subies. Il n'y a donc pas lieu de les corriger ou de les combattre. De telles actions correctrices – à visée redistributrice – seraient au contraire fondamentalement injustes. Il est par contre légitime que l'État puisse intervenir pour aider à rétablir les mécanismes du marché lorsqu'ils ont été perturbés ou violés [1]. D'où le leitmotiv central des libéraux depuis deux siècles : ce n'est pas d'un excès mais d'un manque de concurrence que souffrent nos sociétés. Il ne saurait être question de réduire ou de corriger le marché pour arriver à une société plus juste : la réalisation de la justice suppose au contraire la mise en œuvre d'un marché aussi « pur » que possible.

Cette thèse peut apparaître simpliste ou scandaleuse, selon qu'elle est présentée dans sa forme savante (chez Smith, Pareto ou Hayek) ou dans sa forme vulgaire [2] (« la pauvreté est le fruit de la paresse », etc.). Il n'en reste pas moins qu'elle constitue le fondement de la conception libérale de la justice qui sert

1. Cette question fait pourtant l'objet de discussions importantes au sein même de la théorie libérale actuelle. Cf. par exemple la présentation que H. Lepage fait de ce débat sous le titre « Ne tuons pas la concurrence au nom de la concurrence », in *Demain le libéralisme*, Paris, Livre de poche, « Pluriel », 1980.

2. Cf. comme exemple récent William E. Simon, *l'Heure de la vérité; halte aux dépenses publiques, op. cit.*

traditionnellement de base à la critique de l'État-providence.

Dans tous les cas, cette analyse a pour elle d'être rigoureusement cohérente dans son développement interne [1]. C'est de cette cohérence qu'elle tire une certaine force, dès lors que l'on souscrit à son postulat de départ sur le *market model* de l'homme et de la société. Mais elle ne suffit pourtant pas à elle seule à résoudre de façon satisfaisante la question de la justice. Si elle traite le problème d'un *fonctionnement* social équitable lié au marché (justice commutative), elle ne dit rien en effet du *point de départ* à partir duquel ces mécanismes s'exercent (justice distributive) : les inégalités « voulues » se transmettent et deviennent des inégalités subies dès la naissance, les inégalités se cumulent et constituent des handicaps insurmontables, etc.

John Stuart Mill fut l'un des premiers théoriciens libéraux à prendre en compte ces réalités. Mais il n'était pas question pour lui d'envisager une solution qui remette en cause le principe de la convergence opérée par le marché entre la justice commutative et l'efficacité. Le seul problème consistait donc à ses yeux à faire en sorte que « tous puissent démarrer équitablement » dans la vie. Il s'agissait en un mot de compléter la doctrine libérale de la « justice de marché » par le principe de l'*égalité des chances*. « En vérité, écrivait-il, si beaucoup d'individus échouent alors même qu'ils travaillent plus que ceux qui réussissent, cela tient moins à une différence dans leur capacité qu'à une inégalité de leurs chances [*opportunities*]. Et si le gouvernement faisait tout ce qui est en son pouvoir pour en venir à bout, soit par l'éducation, soit par la législation, nul ne pourrait critiquer les différences de fortune qui subsisteraient [2]. » Mais comment définir un mode

1. Sur l'ensemble de cette question on consultera le chapitre que X. Greffe consacre à l'analyse libérale de la justice dans *l'Impôt des pauvres, nouvelle stratégie de la politique sociale*, Paris, Dunod, 1978.

2. John Stuart Mill, *Principles of Political Economy*, in *Collected Works*, tome III, p. 811, Toronto, 1965. Cf. en général le livre V de ces *Principes*, « De l'influence du gouvernement ». J. S. Mill estime ailleurs « l'aide du gouverne-

de distribution initiale de ces chances qui ne constitue pas un retour à la logique de l'État redistributeur? John Stuart Mill n'apportait pas de réponse à cette question; il ne proposait aucun critère permettant de distinguer ce qui relevait d'une inégalité des chances et ce qui relevait d'une « juste » inégalité. Il ouvrait ainsi la porte à la légitimation d'un État redistributeur extrêmement actif, à l'intérieur même de la théorie libérale. C'est ce qui lui sera reproché par de nombreux auteurs qui accuseront sa doctrine utilitaire d'avoir fait le lit du socialisme.

C'est dans ce contexte intellectuel qu'il faut comprendre la tentative toute récente de John Rawls dans *A Theory of Justice*[1].

Il s'agit d'une entreprise fort originale pour repenser globalement la question de la justice dans une perspective libérale. Son idée de base consiste à essayer de définir une théorie de la *justice distributive* reconnue comme légitime par tous. C'est seulement dans cette mesure, en effet, que l'économie de marché liée à un État non redistributeur peut être véritablement défendue comme étant à la fois moralement équitable et économiquement efficace. L'enjeu intellectuel et politique lié à la tentative de Rawls est donc considérable.

« Une société bien ordonnée, écrit-il, est une société dans laquelle

1° chacun accepte et sait que les autres acceptent les mêmes principes de justice que lui, et où,

2° les institutions sociales de base satisfont généralement et sont connues comme satisfaisant ces principes » (p. 4-5). C'est une définition de départ qui ne paraît guère contestable. Mais comment définir ces principes? C'est là que se situe l'originalité majeure de Rawls. Il envisage la réponse à cette question dans une logique de type contractualiste. « Mon but, dit-il, est de

---

ment souvent utile et parfois nécessaire pour aider à la mise en place d'un système qui, une fois établi, saurait alors s'en dispenser ».

1. John Rawls, *A Theory of Justice*, Oxford, Clarendon Press, 1972.

présenter une conception de la justice qui généralise et porte à un plus haut niveau d'abstraction la théorie bien connue du contrat social que l'on trouve chez Locke, Rousseau et Kant [...]. L'idée directrice est que ce sont les principes de justice applicables aux structures de base de la société qui constituent l'objet de l'accord original » (p. 11).

En se situant dans cette perspective, Rawls entend ainsi suppléer aux limites de la théorie libérale de la justice en la complétant par une théorie de la justice distributive et, *dans un même mouvement,* résoudre la contradiction de l'État minimal en substituant à la notion de contrat politique fondateur de l'État de sûreté la notion de contrat centré sur l'élaboration logique de principes de justice. Son raisonnement est le suivant. Il présuppose tout d'abord une situation originelle hypothétique dans laquelle tous les individus sont égaux, situation qui correspond à celle de l'état de nature dans la théorie traditionnelle du contrat social. Et il se demande quels seront dans ce contexte les principes de justice qui seront choisis, après avoir apporté une dernière précision : ces principes seront déterminés « derrière un voile d'ignorance » *(behind a veil of ignorance).* Cette précision est d'importance à ses yeux. Elle implique en effet que le choix puisse se faire de façon strictement logique et rationnelle, les relations sociales étant purement symétriques, neutres, aucun individu n'ayant la possibilité de fausser le mécanisme du choix en fonction de ses propres intérêts qu'il n'est d'ailleurs pas capable d'évaluer puisqu'il ignore aussi bien la position qui sera la sienne dans la société qui s'institue que la « génération » sociale à laquelle il appartient présentement.

Dans une position originelle définie de cette manière, Rawls estime que deux principes de justice, hiérarchisés, se dégagent de façon unanime :

1° « Chaque personne aura un droit égal à la liberté de base la plus large compatible avec une liberté équivalente pour les autres » (p. 60). C'est la conception libérale classique de l'égalité civile fondée sur le droit.

2° « Les inégalités économiques et sociales seront réglées de telle sorte qu'elles seront à la fois à l'avantage de tous, et prioritairement des plus défavorisés, et attachées à des positions et à des offices également ouverts à tous » (p. 60).

Ce second principe combine ainsi deux sous-principes : celui de l'égalité des chances (positions réellement ouvertes à tous) et celui de la différence admissible (les inégalités ne peuvent se justifier que si elles sont à l'avantage de tous).

Rawls consacre près de la moitié de son livre à préciser et à expliciter ces deux principes de justice. Notre but n'est pas de résumer sa propre discussion, d'ailleurs fort méticuleuse. Il n'est pas non plus pour l'instant de procéder à une critique argumentée [1] de son exposé. Il nous suffit de comprendre le sens et les conséquences de sa démarche par rapport à la théorie libérale de la justice et à celle de la critique libérale de l'État-providence.

Rawls fait d'abord progresser la théorie libérale de la justice en opposant l'« égalité libérale » qui prend en compte le fait qu'il existe des inégalités naturelles entre individus alors que le « système de la liberté naturelle » que défendent classiquement les libéraux les rejette en dehors de son raisonnement, comme un élément extérieur. Il critique en ce sens une vision trop étroite de la méritocratie. « En dehors des arrangements contractuels, écrit-il ainsi, la distribution des parts (c.-a.-d. les " biens primaires " alloués aux différents individus) résulte d'une loterie naturelle; c'est inacceptable dans une perspective morale » (p. 74). La légitimation de la société de marché implique pour lui d'en finir avec la coupure inégalités sociales/inégalités naturelles. Les deux éléments doivent être également intégrés dans la théorie libérale. Comment le faire sans perturber les mécanismes du marché? C'est à partir de cette question qu'il élabore sa conception de la justice distributive. Il s'agit pour lui de procéder à une

1. La littérature américaine consacrée au livre de Rawls est énorme. Elle est à la mesure de l'extraordinaire impact intellectuel de l'ouvrage. On trouvera en annexe une courte présentation de cette littérature (cf. fiche 10).

distribution des « biens primaires » (les droits et libertés, les obligations, les revenus et la richesse, les pouvoirs et les chances) *au départ* : il ne s'agit pas de redistribuer de façon permanente et généralisée ces biens mais d'en doter équitablement chaque individu au point de départ. C'est un élargissement et en même temps une définition stricte du principe de l'égalité des chances. Rawls inclut ainsi la possibilité d'une certaine correction des inégalités de départ : « Pour arriver à une réelle égalité des chances, la société doit porter plus d'attention à ceux qui ont moins d'avoirs à la naissance et ceux qui sont nés dans des positions sociales moins favorables » (p. 100). Il en déduit notamment des propositions en matière d'éducation, reprenant l'idée de Milton Friedman de doter les individus de « bons » *(vouchers)* en fonction de leur situation, et, en matière de revenu minimal, à travers la mise en place d'un système d'impôt négatif. C'est dans cette mesure que sa théorie de la justice distributive peut être comprise comme une alternative à l'État-providence redistributeur. C'est une conception selon ses propres termes *purement procédurale* de la justice. La justice a pour objet des procédures et non pas des résultats. Rawls peut ainsi se passer d'une théorie de l'État minimal, évitant les difficultés auxquelles les penseurs libéraux antérieurs s'étaient trouvés confrontés. Mais, dans le même temps, il donne une légitimité plus forte au système du marché.

Mais qu'est-ce qu'une répartition de départ « équitable »? Le second principe de justice élaboré par Rawls traite cette question sous un angle assez novateur. La catégorie du « juste » ou de l'« équitable », dont il ne nie pas la dimension morale, est traitée chez lui d'un point de vue purement logique. Il définit cette valeur sociale, cette norme, d'une façon qui se veut rigoureusement rationnelle, purement déductive. C'est le sens fondamental de sa démarche intellectuelle [1]. En reprenant la théorie du contrat, il la

1. On comprend, dans cette perspective, l'insistance avec laquelle il se réclame de Kant.

fait glisser vers une problématique de la formation des « jugements synthétiques *a priori* », pour reprendre l'expression de Kant. Le problème démocratique se résout et se résume dans la formation d'une conception purement logique, supra-éthique de la justice sociale. C'est dans cette mesure que son œuvre repose sur une visée intellectuelle qui dépasse largement la seule appréhension de la légitimité des interventions économiques et sociales de l'État. Rawls est en un certain sens le dernier mot de la dissolution du politique (la question de la démocratie et du vivre ensemble) dans l'économique, dans le calcul rationnel.

Il prétend donner un fondement rationnel à la dissociation de l'égalité et de la justice. L'équité ne signifie pas en effet pour lui répartition égalitaire. Rawls note à de nombreuses reprises avec insistance que « l'injustice consiste simplement dans les inégalités qui ne sont pas à l'avantage de tous [...]. La conception générale de la justice n'impose aucune restriction sur la nature des inégalités admissibles; elle requiert seulement que la position de tous et notamment celle des plus défavorisés en tire profit » (p. 62). Les différences de rémunération sont, par exemple, justifiées si elles ont un effet tel sur la croissance qu'elles contribuent à l'élévation du niveau de vie des bas revenus.

L'équité est une norme éthico-logique qui combine le principe d'efficacité et le principe de différence.

Rawls définit le principe d'efficacité dans les termes suivants : « La distribution d'un stock de biens entre certains individus est efficace s'il n'existe aucun autre mode de distribution qui améliore la situation d'au moins un de ces individus sans désavantager les autres » (p. 67). C'est un critère conforme à celui de l'optimum de Pareto [1] qui est au cœur de la théorie économique

1. Pareto définit, dans son *Manuel d'économie politique*, l'optimum économique en ces termes : « Nous dirons que les membres d'une collectivité jouissent, dans une certaine position, du maximum d'ophélimité, quand il est impossible de trouver un moyen de s'éloigner très peu de cette position, de telle sorte que l'ophélimité dont jouit chacun des individus de cette collectivité augmente ou diminue. C'est-à-dire que tout petit déplacement à partir

libérale; critère qui, lui aussi, se veut supra-éthique ou plus exactement logico-éthique (c'est-à-dire qu'il opère une fusion de l'éthique et de la logique) dans la mesure où il est fondé sur l'unanimité. L'optimum de Pareto se définit en effet comme une situation d'unanimité, car on ne peut en bouger sans que cela avantage les uns et désavantage les autres (on ne peut s'en écarter à l'avantage de tous). Mais cette unanimité parétienne est purement statique et numérique. Elle peut être socialement absurde. On lui a par exemple souvent objecté que la situation dans laquelle une seule personne détiendrait toute la richesse serait un optimum, car sa remise en cause ne pourrait être unanime (le seul riche étant contre, il y aurait unanimité moins un). La supériorité de Rawls consiste à donner un sens plus ample à cette notion d'unanimité en la déduisant d'une situation contractuelle hypothétique. L'unanimité n'est plus simplement numérique, elle est d'ordre quasi démocratique puisqu'elle provient d'un contrat et du même coup elle définit des situations *légitimes* et non plus seulement abstraitement « optimales ».

L'apport de Rawls à la discussion sur l'État-providence est donc considérable. Sa tentative, comme celle de Nozick [1], a servi de point de départ à un renouveau de la pensée libérale [2] américaine dont les conséquences pratiques, si elles ne peuvent être immédiates, sont loin d'être sans importance.

---

de cette position a nécessairement pour effet d'augmenter l'ophélimité dont jouissent certains individus et de diminuer celle dont jouissent d'autres. »

1. La façon dont Nozick discute Rawls repose en partie sur le fait que le premier inscrit son travail dans une perspective de relecture économique de l'histoire de l'État, alors que le second mène sa réflexion du point de vue de la morale et du droit. C'est une différence de point de vue que l'on retrouve dans la pensée libérale dès le XVIIIe siècle. Cf. p. 183-231 de *Anarchy, State and Utopia, op. cit.*

2. Nous entendons ici l'adjectif libéral au sens français du terme. On sait qu'il a un sens différent aux États-Unis. Il désigne plutôt là-bas les intellectuels « de gauche », les partisans de l'État-providence et de l'interventionnisme économique. Ceux qu'on appelle en France des libéraux correspondent aux États-Unis selon les cas à des « conservateurs », à des libertariens, à des « néo-libéraux ».

5. La négation du social

Tout cet effort théorique du libéralisme contemporain pour effacer la figure de l'État-providence de nos représentations sociales et politiques peut apparaître fragile. Et il l'est effectivement à bien des égards [1]. Il est par ailleurs facile d'en instruire le procès « politique » et de ne voir en lui qu'une nouvelle forme raffinée de l'idéologie bourgeoise traditionnelle, une version particulièrement sophistiquée de cet art de dissimuler les rapports de classe derrière un savoir sur l'homme et la société qui se prétend objectif, un savant système de brouillage.

Il est, à mon avis, impossible d'en rester là. Ces travaux ont leur cohérence. Dans un contexte d'essoufflement de toute la réflexion économique et sociale d'origine marxiste, ils ne manquent pas de force de conviction. Ils ont une réelle capacité de séduction intellectuelle. Nozick indique lui-même, dans la préface à son livre, comment il s'est progressivement senti aspiré par cette problématique alors même qu'il avait commencé sa recherche dans une perspective contraire. Il faut prendre Rawls, Nozick, Buchanan et tous leurs épigones au sérieux. Il ne s'agit pas seulement d'une mode passagère (qui n'a d'ailleurs pas atteint, pour l'instant, la France [2], sauf de façon limitée et vulgaire à travers les « nouveaux économistes »). Tous ces auteurs sont rendus crédibles par l'ébranlement qui touche un peu partout les racines les plus profondes de l'État-providence. Il n'est même pas exagéré de dire qu'ils sont actuellement les seuls à penser *au-delà* de l'État-providence. C'est ce qui fait leur force.

C'est pourquoi, avant d'examiner une alternative autre que la

1. Cf. sur ce point l'annexe « Les analyses économiques de la croissance de l'État-providence » (fiche 8).

2. Leurs ouvrages seront traduits en 1984 aux Éditions du Seuil pour Rawls et aux PUF pour Nozick.

leur à la crise de cet État-providence, il est essentiel d'essayer d'aller au cœur de leur système. Car il ne suffit pas de leur adresser des critiques pointillistes ou de balayer d'un revers de main agacé leur édifice.

Le cœur de leur système réside à mes yeux dans la représentation qu'ils se font de l'individu et de la société. Ce n'est pas seulement leur « individualisme », philosophique et méthodologique, qui est en cause. Le seul terme d'« individualisme » est ici bien trop insuffisant pour caractériser leur démarche. Nous sommes tous, en effet, des individualistes au sens le plus global d'affirmation de la priorité ontologique du sujet ou de reconnaissance méthodologique du fait que l'individu est l'agent empirique qui constitue la « matière première » de toute société et donc de toute sociologie. Marx et Durkheim sont individualistes dans cette perspective extrêmement générale; d'une façon plus large encore, c'est l'ensemble de la modernité qui nous porte qui doit être reconnue comme telle [1]. C'est la nature de leur individualisme qui les distingue. Je le qualifierai d'*individualisme radical*. Il se caractérise par le fait qu'il refuse l'idée même de « contexte social ». L'individu est pour eux « un tout parfait et solitaire », pour reprendre l'expression de Rousseau dans le *Contrat social*. La société et l'État sont appréhendés dans une perspective purement instrumentale. La société est uniquement comprise comme « une entreprise coopérative chargée de produire des avantages mutuels [2] ». Ils ne se contentent pas, dans une optique libérale ou libertaire classique, de proposer une modification des frontières entre l'État et la société dans le sens d'une extension de celle-ci au détriment de celui-là. C'est le fait social lui-même qu'ils envisagent sous un jour nouveau, ou plus exactement qu'ils n'envisagent plus du tout. Leurs théories se caractérisent par le fait qu'elles réduisent le social à un système d'interaction méca-

1. Cf. Louis Dumont, « La conception moderne de l'individu », *Esprit*, février 1978.

2. J. Rawls, *op. cit.*, p. 520.

nique des individus. C'est tout ce qui fait l'objet de la sociologie qui se trouve exclu de leur raisonnement [1].

La façon dont Rawls introduit son hypothèse de « voile de l'ignorance » pour caractériser la situation originelle dans laquelle se définissent les deux principes d'équité est particulièrement significative. Il présuppose la possibilité d'une autonomie et d'une objectivité pures des individus, comme s'ils étaient absolument indifférents, détachés les uns des autres. Le contrat qu'il décrit est dans cette mesure radicalement distinct de celui qu'imaginaient Hobbes, Locke ou Rousseau. Il n'est pas producteur de lien social. Il consiste seulement en un processus logique et mécanique. Il n'est pas représentation symbolique de l'interrogation fondamentale sur le sens du face-à-face social, moment imaginaire dans lequel s'éprouvent les raisons et les difficultés du vivre ensemble. Il n'est travaillé par aucune passion, n'est le lieu d'aucune parole. Le contrat de Rawls n'est que le moment d'exercice d'un calcul silencieux et rigoureux. Ce n'est pas une assemblée houleuse, traversée par de grands débats : c'est une brève réunion d'experts.

Au fond de cette *négation du social,* il y a en effet la hantise des effets destructeurs du face-à-face social. Le mal suprême, pensent-ils, c'est l'instauration d'une dynamique de l'altérité, d'une situation dans laquelle les individus reconnaîtraient qu'ils n'existent, ne pensent et ne désirent que relativement à ce que pensent et désirent *les autres.* Toute la « nouvelle économie du bien-être » (la *new welfare economics*) est marquée par la volonté d'éliminer cette question, d'extirper l'idée même que cette expérience radicale de l'altérité puisse se déployer. Dans leur langage ils refusent de procéder à des « comparaisons interpersonnelles d'utilité ». Kenneth Arrow écrit par exemple : « Que l'on puisse

1. Raymond Boudon est ainsi fondé dans *Effets pervers et ordre social* à parler d'utopie à propos de Rawls. Mais sa critique est, à mon sens, limitée et ambiguë dans la mesure où il fonde lui-même sa sociologie sur le paradigme de l'*homo economicus.*

procéder à des comparaisons interpersonnelles, c'est comme nier l'autonomie des individus, cette autonomie qui les rend incommensurables les uns aux autres [1]. »

Tous ces auteurs accordent logiquement une grande attention au problème de l'*envie*, ce mécanisme à travers lequel le regard sur autrui se fixe dans les objets qu'il possède, sentiment qui constitue une réfutation pratique de leur postulat de non-comparaison interpersonnelle. Ils n'ont de cesse que d'évacuer ce phénomène, d'en réduire le sens. « Un individu rationnel n'est pas sujet à l'envie », dit Rawls [2]. Pour lui, « l'envie n'est pas un sentiment moral ». C'est un phénomène d'ordre purement psychologique qui tient « à un manque de confiance en soi lié à un sentiment d'impuissance » (p. 535). « Je préfère me concentrer sur l'*étrangeté* de l'envie », redouble Nozick en écho.

On ne doit pas s'y tromper, il ne s'agit pas d'une discussion marginale pour eux : la réfutation de l'envie est la pierre angulaire de tout leur édifice intellectuel. Derrière ce qu'ils nomment

1. Cité par Jean-Pierre Dupuy, *L'Économie : une éthique scientifique?*, Paris, recherche Cordes, 1980 (ronéoté). Je dois beaucoup à ce texte, et aux discussions avec l'auteur pour toute cette partie de mon livre.

Ce refus de la comparaison explique pourquoi tous ces néo-libéraux critiquent vivement l'utilitarisme classique. « Si le principe de l'utilitarisme est bon à quelque chose, disait J. S. Mill, il doit nous permettre de peser des utilités en conflit, d'en faire la balance » (*l'Utilitarisme*, Paris, Garnier-Flammarion, 1968, p. 77). C'est justement ce qu'ils refusent. Il n'y a pas de niveau de la société à partir duquel il soit possible de raisonner pour eux. Le bien commun est une notion vide de sens à leurs yeux (alors que J. S. Mill parlait du « bonheur général » comme idéal utilitariste). William Simon écrit ainsi : « Le peuple n'existe pas; c'est un mythe collectiviste. Il n'y a que des citoyens ayant une volonté individuelle et des objectifs individuels » (*l'Heure de la vérité; halte aux dépenses publiques, op. cit.*, p. 193). Ils refusent de traiter de la société sur le même mode que l'individu. Leur individualisme radical les fait même refuser le principe utilitariste global pour décider du sort à réserver aux animaux (Nozick développe un long paragraphe sur ce thème). C'est en ce sens qu'ils interrogent les racines les plus profondes de notre culture démocratique, en tant qu'elle est indissociablement égalitaire et utilitariste.

2. *Op. cit.*, p. 530.

« envie », c'est en effet toute la question du lien social, de la dynamique de l'égalité et de la différence autour de laquelle se structure le système des besoins et des rapports sociaux qui est en jeu. Ce qu'ils appellent l'envie, c'est ce travail indéfini de ce que Tocqueville nomme la démocratie, ce rapport toujours instable que la société et les individus qui la composent entretiennent avec leur représentation égalitaire imaginaire. Ce mouvement, cette dialectique, Rawls et Nozick voudraient en arrêter la marche en décrétant la suffisance de l'équité, cette égalité conceptuelle que Tocqueville nommait égalité des conditions [1]. Ils définissent précisément l'équité – le concept clef de leur théorie de la justice – comme l'absence d'envie. Leur obsession c'est de penser l'arrêt de ce développement, dont Rawls ne reconnaît que le côté destructeur, alors qu'il est en fait le fondement du social. Dans cette tentative de négation de l'envie, c'est la question du social et de la démocratie qu'ils expulsent de leur univers. C'est en ce sens que leur pensée est radicalement a-sociologique.

Il est d'ailleurs significatif qu'ils aient l'un et l'autre réduit ce problème à une simple logique de l'envie, comme s'il était ainsi plus facile de l'exorciser en l'enfermant dans une catégorie que la morale commune réprouve [2]. Ils n'ont de cesse que de montrer comment ce vice peut être converti en qualité quand il se transforme en compétition économique. Ils opposent l'envie comme « haine de l'humanité » (formule que Rawls reprend à Kant) à la réalisation pleine et entière de l'amour-propre *(self-esteem)*. Il n'y a plus de sentiment d'envie possible, dit Rawls, dès lors que chacun est conscient de l'équité de sa situation. C'est donc un sentiment qui doit disparaître dans une « société bien ordonnée », réglée sur ses deux principes de la justice, réalisant un

1. Cf. Marcel Gauchet, « Tocqueville, l'Amérique et nous », *Libre*, n° 7, Paris, Payot, 1980.

2. Cf. sur le terme « Envie » le *Dictionnaire de théologie catholique*, Paris, 1939, t. 5, et le *Dictionnaire de spiritualité*, Paris, 1960, t. 4. L'envie est considérée comme l'un des sept péchés capitaux.

équilibre entre le principe d'efficacité et le principe de différence. On notera ici que Rawls pense les conditions de l'arrêt de la dynamique de l'envie dans les termes mêmes où Tocqueville décrit au contraire l'incessant travail sur elle-même de la société « conceptuellement » égalitaire.

Pourtant, Rawls et Nozick reconnaissent que ce sentiment peut subsister, comme un résidu, un signe de la limitation de la rationalité des individus. Comment conjurer alors la menace qu'il instaure de produire du social, d'entamer l'autonomie des individus? La façon même dont ils répondent à cette question est significative de leur difficulté à prendre en compte ce phénomène.

« Il faut tendre à réduire la visibilité sociale », dit Rawls [1]. Morceler la société, la fragmenter en une multitude de « groupes de références [2] » à l'intérieur desquels il serait possible d'« ignorer les différences » parce qu'elles seraient réduites et que les mécanismes de la justice équitable y seraient lisibles. En un mot, segmenter et opacifier le social pour limiter les effets de la division qui le traversent. Nozick s'est également engagé dans cette direction. Il montre que le danger de l'égalitarisme consiste justement dans le fait que sa réalisation apparaît comme un processus qui n'en finit jamais : « Dès que la société a égalisé une de ses dimensions, la richesse, explique-t-il par exemple, [...] le phénomène se déplacera sur d'autres dimensions : l'attraction physique, la qualité de l'orgasme, l'intelligence, etc. [3]. » C'est effectivement bien comprendre le phénomène. Mais au lieu de penser le social *à partir* de lui, Nozick cherche à le concevoir sans lui et malgré

1. *Op. cit.*, p. 536. Dans un très intéressant article, « The Anatomy of Envy : a Study in Symbolic Behavior », *Current Anthropology*, vol. 13, n° 2, avril 1972, The University of Chicago Press, George M. Foster parle des processus d'« encapsulation » pour réduire la visibilité sociale : il se forme des « sous-sociétés » relativement étanches.

2. Sur ce thème de l'égalité dans son rapport avec les « groupes de référence » dans la théorie sociologique, cf. Philippe Bénéton, « Les frustrations de l'égalité », art. cité.

3. *Op. cit.*, p. 243.

lui. La seule égalisation possible, admet-il, est celle de l'amour-propre. Et c'est à partir d'elle que le problème de l'envie pourra être réglé, chacun ne comptant alors plus que sur lui-même et non pas sur les autres pour améliorer éventuellement sa propre position dans un contexte où il y aurait une telle diversité de « dimensions sociales » que chacun pourrait trouver une dimension dans laquelle il réussirait. Il s'agit donc pour lui d'expulser la possibilité même de l'envie à travers un processus de diversification culturelle et sociale [1].

Le but ultime est donc que les individus puissent devenir *indifférents* les uns aux autres. C'est un renversement du thème de la *sympathie* que l'on trouve chez le premier Adam Smith comme fondant la sociabilité. De même que la réalisation de l'utopie de la société de marché n'est pensable que dans les deux cadres extrêmes de la frugalité et de l'abondance, là où la tension des rapports économiques se dissout immédiatement dans l'harmonie naturelle des hommes, l'éradication de la tension sociale originelle ne peut se concevoir qu'aux deux pôles extrêmes de la sympathie [2] et de l'indifférence. Jean-Pierre Dupuy parle à juste titre

1. Mais il ne réfléchit pas à la contradiction que cette diversification introduit avec le principe de la commensurabilité généralisée qu'implique l'extension du marché qu'il appelle par ailleurs de ses vœux.

2. John Stuart Mill note dans l'*Utilitarisme* à ce propos : « Cette difficulté subsistera toujours jusqu'à ce que les influences qui forment la personne morale aient inculqué le respect de certaines règles qui en dérivent, jusqu'au moment où, par les progrès de l'éducation, le sentiment du lien qui nous unit *(the unity of feeling with)* à nos semblables se sera profondément enraciné dans notre caractère et apparaîtra à la conscience de chacun de nous comme un sentiment parfaitement naturel », *op. cit.*, p. 86.

Kenneth Arrow analyse significativement l'amour du prochain *(the extended sympathy)* et la rationalité collective comme deux catégories limites de comparaisons interpersonnelles qui sont fondées sur des « surfaces d'indifférence généralisée ». Cf. *Choix collectif et préférences individuelles*, Paris, Calmann-Lévy, 1974, nlle éd., trad. française. Sur cette question essentielle dans la théorie économique néo-libérale, se reporter aux travaux récents de D. Collard, *Altruism and Economy, a Study in Non-Selfish Economic*, Oxford, Martin Robertson, 1978; S. C. Kolm, « Efficacité et altruisme, les sophismes d'un modèle qui imagine « la coexistence pacifique des hommes sur le mode de l'indifférence absolue ».

Mais, dans ces conditions, c'est l'idée même d'espace politique qui devient vide de sens. Le politique ne peut plus être compris comme le lieu dans lequel la société réfléchit ses propres divisions comme dans un miroir, pour les travailler dans leur pleine visibilité. Le politique n'existe plus que comme *moyen* des actions individuelles. Buchanan et Tullock, qui ont poussé le plus loin cette réduction du politique, écrivent par exemple : « Le mécanisme politique est considéré dans notre modèle comme un ensemble de moyens à travers lesquels les individus peuvent coopérer pour s'assurer certaines fins mutuellement désirées [1]. » Cette réduction du politique à un simple mécanisme trouve sa conclusion dans l'apologie de l'unanimité : « Le consensus, c'est la norme », diront Buchanan et Tullock. En politique, comme en économie, il existe toujours pour eux un optimum de type parétien. Le principe majoritaire, qui repose sur la reconnaissance de divisions et de conflits non surmontés, n'est à leurs yeux qu'une exception que l'extension du marché et des droits de propriété doit rendre de plus en plus rare.

Nous sommes là au cœur de la critique de la « raison libérale » : leur tentative ne prend sens que si elle va jusqu'à se concevoir comme une alternative radicale à la « raison démocratique ». Il ne suffit pas pour eux d'affirmer que la liberté politique est incluse dans les libertés économiques (le marché), qu'elle ne saurait exister indépendamment d'elles. Leur effort théorique ne peut aller jusqu'au bout de l'entreprise qu'il s'est assignée — formuler

---

de Mandeville, Smith et Pareto », *Revue économique*, janvier 1981; G. Bordes, « Individualisme, ordinalisme et bien-être social », *Annales de l'INSEE*, janv-mars 1981. On notera encore à ce propos que certains modes de valorisation des « différences » ne sont que l'autre face de cette apologie néo-libérale de l'indifférence.

1. J. Buchanan et G. Tullock, *The Calculus of Consent*, Ann Arbor, The University of Michigan Press, 1962, p. 90.

Cf. également G. Tullock, *le Marché politique*, Paris, Economica, 1978.

une alternative aux théories classiques du contrat et donc de l'État-protecteur – que s'il va jusqu'à dissoudre les catégories du politique et de l'éthique dans celles de la nature et de la raison. La liberté devient elle-même un concept non éthique et non politique chez quelqu'un comme Hayek. Elle n'est pas une « valeur » en soi, elle est seulement le résultat d'un lent processus de maturation historique d'une véritable *rationalité sociale*. Il faut la comprendre objectivement et non pas subjectivement. « Si la liberté, écrit-il, est devenue une morale politique, c'est par la suite d'une sélection naturelle qui fait que la société a progressivement sélectionné le système de valeurs qui répondrait le mieux aux contraintes de survie qui étaient alors celles du plus grand nombre [1] ! » Pour lui, la démocratie n'est donc qu'une « méthode d'organisation sociale », une technologie, destinée à préserver cette conception singulièrement étroite de la liberté. Dans une conférence récemment prononcée à Paris, il disait significativement : « La démocratie n'est qu'une procédure pour aboutir plus commodément à des objectifs communs préexistants, et reconnus comme tels [...]. Les partisans du collectivisme ont poussé à l'extension illimitée de la démocratie parce qu'ils y ont vu le moyen de substituer des décisions collectives, prises par une majorité de circonstance mais inspirées par un petit nombre, à des décisions individuelles, que la démocratie aurait seulement pour fonction de coordonner, grâce à un cadre favorable [2]. »

Il n'est possible d'opérer une critique radicale de l'État-providence qu'à ce prix : la formation d'une théorie du non-État minimal. C'est une illusion dangereuse, et c'est surtout une tentative pratiquement vouée à l'échec. C'est la raison pour laquelle le néo-libéralisme contemporain n'est fort qu'à condition de se cantonner dans sa dimension de libéralisme critique. Et pourtant, il ne peut apparaître comme véritablement légitime que s'il pense

1. F. Hayek, « Economics and Knowledge » (1945), in *Individualism and Economic Order*, Londres, Routledge and Keagan Paul, 2e éd., 1976.

2. F. Hayek, *L'Hygiène de la démocratie*, Paris, 4 décembre 1980 (ronéoté).

positivement, dans la voie de Rawls et de Nozick, la société post-étatique. C'est sa contradiction.

Dans tous les cas, il ne peut suffire de le critiquer socialement ou politiquement, il faut aller au cœur de l'effort intellectuel qu'il tente d'accomplir pour en saisir les ressorts réels.

C'est contre cette utopie de la raison qu'il nous faut penser une alternative positive à l'essoufflement actuel de l'État-providence. En partant de cette expérience sociale fondatrice qu'elle cherche à exorciser par tous les moyens.

Troisième partie

État-providence et société solidaire

1. Sortir de l'alternative privatisation/étatisation

Le débat contemporain sur l'État-providence est enfermé dans l'alternative étatisation/privatisation. Les arguments économiques et les *a priori* idéologiques se conjuguent pour aller dans ce sens : accroître la socialisation ou trouver un nouvel équilibre fondé sur une extension de la privatisation. L'avenir n'est envisagé que sous ces deux modes. D'un côté, le *scénario « social-étatiste »*, de l'autre, le *scénario « libéral »*. Ce qui est sûr en tout cas, c'est qu'il n'y a pas de troisième voie, de solution médiane qui consisterait à prôner le *statu quo* par exemple, dès lors que le problème est posé dans ces termes. Étant donné le décalage qui existe entre le taux de croissance et le rythme de développement « naturel » des dépenses sociales, le maintien du niveau actuel des prélèvements obligatoires par rapport au PIB impliquerait en effet une réduction de la couverture sociale et donc une privatisation accrue. L'existence de ce phénomène de ciseaux oblige à faire un choix. Le refuser, c'est automatiquement accepter une augmentation mécanique du niveau des prélèvements obligatoires. Sommes-nous alors condamnés à devoir choisir entre deux scénarios inacceptables? Le scénario social-étatiste se heurterait à de graves difficultés financières dans la situation actuelle, mais surtout il serait confronté à une résistance sociologique diffuse difficilement surmontable. On peut certes rappeler que le taux des prélèvements obligatoires dépasse allégrement la barre des 50 % dans les pays scandinaves et en déduire que la société française n'a pas encore atteint les limites de la socialisation « supportable ». Mais, dans un contexte de faible croissance, cette référence n'a guère de sens. Il faudrait que « quelque chose » se passe pour que l'État-providence puisse se développer sans multiplier les rancœurs et les oppositions. Il faudrait, comme nous l'avons précédemment montré, qu'un événement puisse catalyser une volonté collective, donner sens à un renforcement des mécanismes de redistribution. C'est un des enjeux les plus profonds de la période actuelle. Si les rapports entre l'État et la société ne changent pas, si la société elle-même ne redéfinit pas les rapports entre les individus et les groupes qui la structurent, une nouvelle progression « à froid » des prélèvements obligatoires conduirait à une situation de blocage social. Nous resterions prisonniers des contradictions du scénario social-étatiste. On verrait alors se multiplier les effets pervers qui avaient accompagné la vive croissance des prélèvements obligatoires dans les années 1970 : développement de l'économie souterraine et du travail noir, accroissement de la segmentation du marché du travail. La mise en place d'une économie et d'une société duales est en effet le mécanisme de compensation et d'autodéfense que la société a sécrété pour atténuer l'extension de la socialisation et le coût qu'elle implique. Les entreprises et les particuliers tentent ainsi de récupérer d'une main le surplus qu'ils doivent verser à l'État de l'autre. Il en résulte une multiplication des inégalités : inégalités engendrées par le dualisme lui-même (entre les travailleurs « exposés » et les travailleurs « protégés ») et les capacités fort variables qu'ont les individus et les groupes d'en jouer. L'effort social, théoriquement générateur d'une plus grande égalité, finit par multiplier les inégalités cachées et par disloquer les espaces d'identité collective [1].

Le scénario libéral produit des effets plus immédiatement visibles. Il implique automatiquement un retour en arrière, une réduction de la redistribution. C'est un scénario de régression sociale. Il suppose un État fort, prêt à faire face aux révoltes qui pourraient surgir. Dans tous les cas, il est lié à un déficit de légitimité. La reconstruction intellectuelle du néo-libéralisme ne saurait suffire à lui en donner une, même si sa force d'attraction sur les classes moyennes n'est pas négligeable. Au fond, ce scé-

1. Cf. par exemple les phénomènes d'éclatement de la classe ouvrière.

nario n'aurait de sens que s'il s'inscrivait dans la perspective cynique d'une coalition sociale qui s'établirait au détriment exclusif de la minorité la plus démunie de la population. Il n'est heureusement plus à l'ordre du jour depuis la victoire de la gauche.

Ces deux scénarios sont ainsi diversement inacceptables. Il n'y a donc pas de solution positive à la crise de l'État-providence tant que l'on continue à s'inscrire dans le dilemme étatisation/privatisation. Aucun d'entre eux ne permet, en outre, de *penser les progrès sociaux de l'avenir*. Ils reposent l'un et l'autre sur l'hypothèse d'une certaine finitude du « développement social », comme si un certain état optimal avait été atteint et qu'il ne s'agissait que de le parfaire (scénario social-étatiste) ou de le remettre en cause pour des raisons d'équilibre économique conjoncturel (scénario libéral). Dans les deux cas, on ne raisonne qu'à partir des besoins sociaux tels qu'ils sont aujourd'hui exprimés et au moins partiellement pris en charge. On n'imagine pas que de nouveaux besoins, de nouvelles demandes sociales puissent émerger dans les années et les décennies à venir. Ces besoins existeront pourtant. Le droit à la culture, au cadre de vie, etc., pourrait devenir aussi coûteux dans le futur que le droit à la santé. Si ces besoins sont ressentis comme des droits, il faudra reconnaître qu'ils doivent faire l'objet d'une redistribution. Le champ de la demande de « services publics » pourrait s'élargir à de nouveaux horizons. Aucun des deux scénarios n'offre de perspective pour en traiter. Ce sont à la fois des scénarios de blocage social et de blocage face à l'avenir.

Il est donc urgent de sortir de cette alternative étatisation/privatisation. Comment? Essentiellement *en redéfinissant les frontières et les rapports entre l'État et la société*. La question centrale que pose la crise de l'État-providence est en effet d'ordre sociologique et politique. Et raisonner uniquement dans les termes étatisation/privatisation revient à l'occulter en la réduisant en définitive à sa seule dimension financière. Le « qui doit payer les services collectifs? » fait oublier le « qu'est-ce qu'un service collectif? ».

Dans cette perspective, il ne saurait y avoir une seule forme de l'avenir pour l'État-providence, elle sera nécessairement plurielle. Ce qu'il faut faire sortir de nos têtes, c'est l'idée que service collectif = État = non-marchand = égalité et que service privé = marché = profit = inégalité. *L'avenir de l'État-providence passe par la définition d'une nouvelle combinatoire de ces différents éléments*. Il s'agit de substituer à une logique univoque de l'étatisation une triple dynamique articulée de la *socialisation,* de la *décentralisation* et de l'*autonomisation :*

– Débureaucratiser et rationaliser la gestion des grands équipements et fonctions collectives : c'est la voie d'une *socialisation* plus souple. De grands efforts restent à faire dans ce domaine pour simplifier et améliorer la gestion, mais ce n'est pas une voie novatrice en elle-même.

– Remodeler et aménager certains services publics pour les rendre plus proches des utilisateurs : c'est la voie de la *décentralisation*. Elle vise à accroître les tâches et les responsabilités des collectivités locales dans les domaines sociaux et culturels.

– Transférer à des collectivités non publiques (associations, fondations, groupements divers) des tâches de service public : c'est la voie de l'*autonomisation*. C'est cette voie qui peut être la plus neuve et la plus intéressante pour répondre aux difficultés de l'État-providence et faire face aux besoins sociaux de l'avenir. C'est donc sur elle que nous allons concentrer notre attention.

Plus globalement, cette alternative à la crise de l'État-providence n'a de sens que si elle s'inscrit dans un triple mouvement de *réduction de la demande d'État,* de *réencastrement de la solidarité dans la société* et de *production d'une plus grande visibilité sociale.*

2. Réduire la demande d'État

L'État-providence s'est imposé depuis une centaine d'années comme la réponse quasi naturelle à la demande de progrès social. Les théoriciens et les hommes d'État libéraux n'ont cessé depuis lors de le déplorer, mais sans jamais s'avérer capables d'en freiner l'extension. Ils ont presque toujours été les spectateurs et même les acteurs d'un mouvement qu'ils critiquaient de façon radicale. Le « savoir libéral » a sans cesse été confronté à ce paradoxe dont il n'a jamais véritablement su rendre compte. Au milieu du XIXe siècle, Édouard Laboulaye notait par exemple : « A ne considérer que la pratique, jamais l'omnipotence de l'État n'a été plus visiblement reconnue; à considérer la théorie, cette omnipotence est sur le déclin. Tandis que l'administration avance de plus en plus, la science combat cet envahissement, elle en signale l'injustice et le danger [1]. » Les théoriciens libéraux actuels ne font que répéter ce constat, pratiquement dans les mêmes termes.

Mais, d'un autre côté, les adversaires du libéralisme économique se trouvent dans une situation finalement identique : ils n'imaginent pas le progrès social sous une autre forme que celle du développement de l'État-providence. Du même coup, la limitation de l'État-providence ne peut avoir à leurs yeux qu'un sens régressif, réactionnaire, antisocial.

Dans les deux cas, ce qui est manqué, c'est l'analyse des *mécanismes sociologiques producteurs de la demande sociale d'État*. Celle-ci est considérée comme une donnée, positive ou négative, exogène au système économique et social; elle renvoie à une conception purement instrumentale de l'État (qu'il s'agisse de l'État minimal ou de l'État socialement actif). La demande

1. Édouard Laboulaye, *L'État et ses limites, op. cit.*, p. 7.

d'État n'est expliquée qu'à travers des argumentations à prétention historique ou psychologique : la pesanteur de la tradition jacobine, le poids d'un passé insaisissable (« elle est fille des siècles », disait Laboulaye), le besoin de sécurité, la peur des responsabilités, etc. Explications qui ont toutes pour caractéristique de ne pouvoir donner lieu à aucune prise concrète, à aucune action, si ce n'est celle de la nécessairement lente transformation des « mentalités ».

C'est cette demande d'État qu'il nous faut analyser pour aborder sous un jour nouveau la question de l'État-providence. Il s'agit de la comprendre sociologiquement. Elle n'est en effet, comme je l'ai déjà suggéré, que la face complémentaire de l'extension de l'individualisme. Individu et État vont de pair; les phénomènes de massification sociale accompagnent le mouvement d'atomisation du social. Ils ne sont pas contradictoires, mais logiquement complémentaires. Le lien social est tendu entre ces deux extrémités. Dans ces conditions, le système de satisfaction des besoins est lui-même bipolaire : c'est le marché ou l'État. Il n'y a pas d'espaces alternatifs de satisfaction des besoins. Les limites du marché, liées à la structure de répartition des revenus primaires ou à ses propres dysfonctionnements, renforcent ainsi mécaniquement la demande d'État dans tous les domaines. Tout le fonctionnement social est commandé par cette dualité. Il en résulte une extraordinaire *rigidité*. La crise de l'État-providence n'est pour une large part que la traduction du coût social exponentiel de cette rigidité. Les formes de solidarité étatique, le développement des services et des équipements collectifs ne suffisent plus à compenser les effets de l'atomisation sociale. L'hyper-socialisation par le haut ne permet plus de répondre aux demandes induites par la désocialisation à la base.

La demande d'État ne peut donc être considérée comme une variable exogène, autonome. Elle est une fonction de la *forme du social,* de sa densité, de sa texture. A la limite, si le social n'était qu'un réseau d'individus autonomes et séparés, l'État finirait par le recouvrir complètement : il serait la seule forme possible de la solidarité sociale, le seul mode d'expression de la vie collective [1]. Réduire la demande d'État et *produire de la sociabilité* vont ainsi de pair. L'alternative à l'État-providence n'est pas d'abord d'ordre institutionnel, elle est principalement sociétale. Il s'agit de faire exister une société civile plus épaisse et de développer des espaces d'échange et de solidarité qui puissent être encastrés en son sein, et non pas « extériorisés » et projetés sur les deux seuls pôles du marché ou de l'État. Nous reviendrons sur ce point essentiel.

Ce n'est bien évidemment pas l'État lui-même qui peut être l'agent de cette recomposition sociale. L'État ne peut être le moyen de la réduction de la demande d'État. Nous n'avons pas ici à décrire le processus de cette réduction, comme si elle pouvait être programmée. Mais il est par contre nécessaire de préciser certaines des *conditions* nécessaires à la réalisation d'une telle tâche par la société elle-même.

Aller en ce sens implique tout d'abord de produire un droit adéquat à la réalisation de cet objectif. Car le droit est également bipolaire : il est, lui aussi, à la fois centré sur l'individu (Code civil) et sur l'État. L'individu souverain et autonome, en tant que représentant particulier et abstrait du genre humain, est la fin suprême du droit, en même temps que la limitation de ses libertés « extérieures » est la fonction unique du droit. L'État, du point de vue du droit, ne fait qu'hypostasier les volontés commandantes des individus en présupposant leur fusion dans une unité simple, il est « la multitude unie en une seule personne » (Hobbes). Cette perspective fondamentalement individualiste du droit, explique Gurvitch dans *l'Idée du droit social,* fait que la soumission d'une multitude d'individus isolés et nivelés à la généralité abstraite de la loi apparaît comme la « seule manifestation possible de la com-

1. C'est pourquoi l'individualisme radical sur lequel se fondent les dénonciations les plus vigoureuses de l'État-providence (cf. Nozick) est logiquement obligé d'exclure de son champ la notion de « social » ou de « sociétal ».

munauté juridique, dépossédée de tous les caractères d'une véritable liaison concrète entre ses membres [1] ».

Dans ce cadre juridique individualiste-étatiste qui est le nôtre, il n'y a pas d'existence possible pour toutes les formes de regroupements qui peuvent s'effectuer au sein de la société civile sous d'autre mode que celui de l'entreprise et de l'association. Et ni l'entreprise, ni l'association n'ont d'ailleurs engendré de droit autonome, lié à la spécificité de leur fonction sociale. C'est pour combler ce manque que Gurvitch, approfondissant la voie ouverte par Duguit et Hauriou, parlait de fonder une *théorie du droit social.* L'objectif était pour lui d'effacer le décalage qui existe entre les faits sociaux, qui ne peuvent être appréhendés seulement à partir de l'individuel ou de l'étatique, et le droit, en reconnaissant que les « communautés actives » doivent devenir des « faits normatifs », c'est-à-dire être productrices d'un droit autonome. « La théorie du droit social, écrivait-il, se propose de construire d'une façon juridique toute une série de faits sociaux habituellement rejetés en dehors de la science du droit : le rapport entre la couche organisée et la couche inorganisée de la vie sociale, le rapport de la " Société " et de l'" État ", la naissance du droit dans chaque cellule sociale particulière [...], la vie spontanée du droit en marge des cadres prévus, etc. [2]. » C'est seulement dans le cadre d'un tel effort juridique qu'il est possible de penser des formes non étatiques de socialisation. Dans le domaine de l'entreprise, j'ai déjà montré dans *l'Age de l'autogestion* le sens et les conséquences d'une telle démarche en matière de propriété des moyens de production en développant le concept de *dépropriation.*

La définition d'alternatives positives à l'État-providence sup-

1. G. Gurvitch, *L'Idée du droit social,* Paris, 1932. Réédité dans une version abrégée dans la revue *Cause commune,* n° 1/1978, p. 111-366, Paris, 10/18. Cf. du même auteur l'*Essai d'une classification pluraliste des formes de sociabilité,* 1938, repris in *la Vocation actuelle de la sociologie,* t. I, *Vers la sociologie différentielle,* Paris, PUF, 1968.

2. *Op. cit.,* p. 250-251.

pose à la fois que des segments de la société civile (groupes de voisinage, réseaux d'entraide, structures de prise en charge d'un service collectif, etc.) puissent être reconnus comme des sujets de droit et des instances productrices d'un droit autonome par rapport à la loi d'essence étatique [1]. On voit en effet sans cesse naître de telles « institutions sociales », mais celles qui sont formalisées en prenant le statut associatif restent fragiles car leur action ou leur intervention est tout entière soumise aux normes du droit étatique. Aller vers une société plus « flexible », moins rigide implique que le droit devienne lui-même pluraliste, qu'il existe un droit social au moins partiellement indépendant du droit étatique (ce qui pourrait par exemple être le cas du droit produit par les conventions collectives par rapport au droit du travail).

C'est une immense révolution de nos représentations juridiques et politiques qui rend ainsi nécessaire le dépassement de l'État-providence comme forme unique d'expression et de réalisation de la solidarité collective. Ce n'est qu'à ce prix qu'il sera possible d'en finir avec la coûteuse confusion entre le public et l'étatique. Un grand pas en avant serait déjà accompli si ce problème pouvait être considéré intellectuellement sous un jour nouveau.

Dans une perspective pratique, il devrait par exemple être possible de reconnaître un *droit de substituabilité* du social à l'étatique dans le domaine de certains services collectifs (en matière de garde d'enfants par exemple). Cela signifie que, lorsque des individus se regroupent pour se rendre à eux-mêmes un « service public » ordinairement fourni par une institution spécialisée, l'État reconnaît, sous forme de déduction fiscale notamment, que leur initiative « privée » remplit une fonction d'essence « publique ». La seule façon de réduire de manière non régressive la demande d'État consiste à favoriser la multiplica-

1. Cf., à ce propos, l'important numéro spécial d'*Esprit*, mars 1980, consacré à « Droit et politique ».

tion de ces *auto-services collectifs* ou *services publics ponctuels d'initiative locale.* Tant que les frontières entre l'État et la société, le privé et le public resteront rigides, nous serons condamnés à payer un prix croissant pour un État-providence aux performances comparativement décroissantes.

3. Réencastrer la solidarité dans la société

L'État-providence correspond à une forme de réencastrement de l'économique dans le social en corrigeant et compensant les effets du marché. Sa crise, comme nous l'avons montré, tient principalement au mode de ce réencastrement plus qu'à son principe. Les mécanismes de production de la solidarité sont devenus abstraits, formels, illisibles. Le développement des processus bureaucratiques, l'alourdissement croissant de la réglementation sociale se nourrissent de cette abstraction et la redoublent en retour. D'où une baisse d'efficacité relative. L'État-providence comme principe de médiation entre l'économique et le social finit par opérer de façon trop lointaine. Il surplombe la société de plus en plus haut. Le *détour* qu'il instaure entre l'individuel et le social est devenu trop grand.

Comment y remédier? Il n'y a pas d'autre voie possible que de *rapprocher la société d'elle-même*. Il s'agit de la rendre plus épaisse, de multiplier les lieux intermédiaires de composition sociale, de réinsérer les individus dans des réseaux de solidarité directs. L'État-providence repose fondamentalement sur une lecture du social géographiquement indifférente. Il ne le pense pas en termes de proximité ou d'éloignement, de dissémination ou d'agglomération. Les mécanismes de redistribution, l'offre d'équipements collectifs ne sont pourtant pas indifférents aux modes de structuration du social dans l'espace. La situation de l'individu ne peut être appréhendée indépendamment de sa localisation dans l'espace social. La pauvreté, par exemple, ne peut pas simplement être définie par un critère de revenu. L'isolement, le lieu de vie (ville ou campagne) peuvent accroître les effets de revenu. La personne qui dispose du simple minimum vieillesse mais qui possède un jardin potager et est insérée dans des relations de voisinage ou de famille ne vit pas de la même façon que celle qui est isolée au sixième étage d'un immeuble de grande ville.

Mais qu'est-ce que rendre la société plus épaisse? Il faut à ce propos lever une équivoque centrale : celle de l'utopie communautaire, de la formation de petits groupements dans lesquels les individus constitueraient une sorte de famille élargie presque autosuffisante. Il est frappant de voir à ce propos que l'alternative à la société de marché, à l'individualisme et à la désocialisation, n'est souvent imaginée que sous ce mode nostalgique d'un *retour* à la forme communautaire.

La distinction méthodologique entre la communauté organique et la société individualiste, comme idéaux types sociologiques, a fini par se transformer en un jugement de valeur. Il s'agirait de retrouver la « bonne » communauté contre la « mauvaise » société. A ce jugement de valeur s'est d'ailleurs logiquement associée une véritable mythologie historique concernant l'évolution de la structure familiale. De Bonald à Le Play, toute une « sociologie » traditionaliste s'est efforcée de construire un objet imaginaire : la famille patriarcale, élargie, vaste regroupement solidaire de générations. Il a fallu attendre les travaux de Philippe Ariès pour savoir que « l'évolution théorique, souvent décrite, de la famille étendue à la famille nucléaire ne correspond à aucune réalité [1] ». On ne peut donc *revenir* à une forme de famille élargie. Si l'avènement de l'individu a de fait été globalement la caractéristique centrale de la modernité, ce mouvement ne saurait être affecté en lui-même d'un signe négatif ou servir de base à des reconstructions historiques trop hâtives. Le passage de la *Gemeinschaft* (communauté) à la *Gesellschaft* (société) n'a pas été la transformation de solidarités généreuses en un égoïsme généralisé.

La Gesellschaft ne s'est au contraire développée que parce

1. Cf. Philippe Ariès, *Histoire des populations françaises*, Paris, Éd. du Seuil, 1971, et *l'Enfant et la Vie familiale sous l'Ancien Régime*, Paris, Éd. du Seuil, 1973.

qu'elle est apparue comme un formidable instrument d'émancipation.

La ville s'est indissociablement imposée comme espace de marché et espace de liberté; elle rendait plus libre parce qu'elle multipliait les possibles, déterritorialisait l'individu en le rendant indépendant du sol sur lequel il était assigné, le soustrayait au cercle répétitif et étouffant d'un univers cloisonné. La ville rend libre, dira-t-on souvent au XIXe siècle. Ce mouvement n'a pas fini de s'opérer. Il serait illusoire de penser qu'il est achevé. Nous voyons au contraire partout encore à l'œuvre le travail de cette revendication d'indépendance qui est la marque de notre culture. Le développement du travail des femmes en est le signe : l'insertion dans le marché reste la condition d'une plus grande autonomie, malgré l'exploitation qu'il implique. Nous commençons seulement à percevoir l'émergence d'une nouvelle révolution : le désir d'indépendance des enfants vis-à-vis des parents. En Suède, un mouvement revendique même le droit pour les enfants de pouvoir « divorcer » d'avec les parents (l'indépendance financière est revendiquée comme un droit)!

L'échec des quelques tentatives communautaires des années 1960 et 1970 est lié à l'extraordinaire force de cette recherche d'autonomie et d'indépendance. On ne peut définir une alternative à l'État-providence en l'oubliant. Rapprocher la société d'elle-même ne peut être un mot d'ordre conçu sur un mode nostalgique et passéiste. Nous ne pouvons pas rêver à un nouveau « foyer » qui serait le point d'équilibre et de compensation de la socialisation par le marché. Comment concilier alors l'émergence de nouvelles formes non étatiques de solidarité avec le désir d'autonomie? Il n'y a pas de réponse théorique à cette question. Il ne s'agit pas de définir un idéal type sociologique qui ne serait ni la communauté, ni la société; d'imaginer un « modèle » social entre le holisme et l'individualisme, pour reprendre les termes de Louis Dumont [1]. On ne peut pas

1. Louis Dumont, *Homo aequalis*, Paris, Gallimard, 1977.

confondre la définition d'une politique sociale avec la production d'un concept sociologique.

Le « social-historique » n'est jamais l'expression pure d'un idéal type, quel qu'il soit; il est toujours enchevêtrement complexe, que le sociologue cherche justement à démêler.

L'État-providence serait d'ailleurs en faillite depuis longtemps si la société n'était que le simple reflet de la représentation qu'il s'en fait, si elle était pure collection d'individus, définitivement et radicalement atomisée. Notre société ne fonctionne que parce qu'elle contredit dans les faits, même partiellement et de façon limitée, la plénitude du schéma individualiste à travers lequel elle se représente. Certains sociologues, comme Agnès Pitrou, ont par exemple montré l'existence des réseaux souterrains de solidarité familiale, dont l'importance économique semble bien supérieure à ce qu'on imagine souvent [1]. Le développement de l'économie souterraine dans la crise traduit également pour une part cette capacité du tissu social à produire en son sein des modes de résistance aux chocs extérieures. Mais tous ces « amortisseurs » cachés, trop rarement pris en compte par les économistes ou les sociologues, ne sont plus, aujourd'hui, suffisants. Reconnaître leur existence est pourtant essentiel, car, sans eux, la demande d'État aurait été bien supérieure à ce qu'elle a été. L'alternative à l'État-providence consiste à en apprécier le rôle et à en favoriser le développement.

Ce sont toutes ces formes de socialisation transversales, qui vont de l'association formalisée à l'action commune informelle pour se rendre des services, qui peuvent permettre de réencastrer la solidarité dans la société. La condition première de ce développement de la *socialité* réside dans l'accroissement du temps libre. Encombrement du temps et rigidité sociale vont en effet de pair. Moins les individus disposent de temps libre, et plus ils sont à la fois demandeurs d'État et consommateurs sur le marché.

1. Agnès Pitrou, *Vivre sans famille? Les solidarités familiales dans le monde d'aujourd'hui*, Toulouse, Privat, 1978.

Ils ne peuvent se rendre davantage de services mutuels, élargir leurs activités de voisinage, mettre en œuvre toutes formes de solidarité courtes que s'ils en ont le temps. Dans cette perspective, la réduction du temps de travail n'apparaît plus seulement comme une exigence économique de réduction du chômage, elle est la condition de l'apprentissage de nouveaux modes de vie.

Ce rapprochement de la société d'elle-même ne doit donc pas être compris dans un sens étroit (constitution de micro-collectivités stables et fermées). Il passe au contraire par la multiplication des appartenances temporaires ou limitées. Cette multi-socialisation, ce pluralisme des formes de sociabilité, n'est pas une contrainte mais au contraire un élargissement de la liberté de chaque individu.

4. Accroître la visibilité sociale

Sortir de l'alternative privatisation/étatisation, réencastrer la solidarité dans la société. Ces deux conditions pour définir une alternative à l'État-providence traditionnel, notamment en matière de prise en charge des besoins sociaux émergents, ne doivent pas faire oublier que ce dernier continuera à jouer le rôle central de mise en œuvre des solidarités. Leur fonction consiste essentiellement à permettre de fonder une nouvelle étape du développement social, sans remettre en cause l'existence de systèmes nationaux dans la plupart des grands domaines. Mais ces grands systèmes sont de plus en plus appelés à être conçus comme le support d'une solidarité de base qui doit être élargie, complétée, précisée à travers la mise en œuvre de systèmes plus décentralisés ou d'actions courtes directement portées par des rapports sociaux concrets.

On ne peut pourtant pas se contenter de penser en ces termes. C'est également l'État-providence traditionnel qu'il s'agit de remodeler. Sa gestion peut d'abord être améliorée et débureaucratisée, mais les tentatives de simplification et de rationalisation menées dans ce domaine sont presque toujours contrecarrées ou annulées par la prolifération réglementaire. Celle-ci trouve sa source dans la volonté de ne laisser dans l'ombre aucun cas imprévu, de saisir chaque situation particulière. Seule la décentralisation des services, des procédures et du contentieux peut permettre de juguler cette inflation réglementaire dont le coût est fort élevé [1].

1. On sait par exemple que le coût de fonctionnement de la Caisse d'assurance-maladie de la région parisienne est proportionnellement deux fois plus élevé que celui des caisses de province.

Mais il y a plus important encore. La crise de l'État-providence provient de blocages *externes* autant que de blocages bureaucratiques internes. L'expression mécanique et abstraite de la solidarité, le doute sur les finalités engendrent des processus de fuite devant l'État-providence. Il fonctionne comme une boîte noire, un gigantesque interface. La redistribution financière qu'il opère finit par être considérée comme presque complètement déconnectée des rapports sociaux sur lesquels elle porte. *L'interface opacifie le social.* Les solidarités réelles sont tellement recouvertes par des mécanismes anonymes et impersonnels qu'elles ne sont plus perçues. Le marxisme a souvent fait la critique de la société marchande dans laquelle les producteurs s'effacent derrière les marchandises. Dans la société capitaliste, disait Marx, les rapports sociaux des hommes entre eux revêtent la forme fantastique d'un rapport des choses entre elles. De la même façon on peut dire que, dans la société « social-étatique », les rapports de solidarité entre les hommes prennent la forme d'une somme de rapports éclatés entre les individus et le « système ». Salaires, prix, profits, impôts, cotisations sociales sont perçus comme des variables économiques déconnectées de leur support social réel.

Comment y remédier? Il n'y a qu'une solution : *accroître la visibilité sociale,* laisser affleurer plus distinctement le mouvement de la société. Ce n'est certes pas toujours très confortable intellectuellement. Il est plus facile de ne voir que l'individu face au « système », de ne considérer la société qu'au travers de schémas théoriques, de ne voir que l'opposition des riches et des pauvres, du prolétariat et de la bourgeoisie en action. Ces simplifications, ces aveuglements ont un coût élevé. Ils produisent une rigidité sociale croissante, justifient tous les égoïsmes et les corporatismes, rendent difficile, voire impossible, le changement social.

Rendre le social plus lisible, la société plus visible à elle-même, c'est au contraire permettre la formation de relations de solidarité plus réelles, même si les procédures qui les règlent doivent être plus conflictuelles [1].

Or aujourd'hui, nous voyons au contraire que tous les mécanismes de prélèvements sont devenus aussi invisibles que possible. L'État-providence fonctionne dans un certain brouillard. Peu de salariés connaissent le montant réel des charges sociales liées à leur salaire (la notion de salaire brut n'a aucun sens, ni pour l'entreprise, ni pour le travailleur). La TVA, qui représente près de la moitié des recettes fiscales, est un impôt « indolore » dont les consommateurs n'apprécient pas le poids; seul l'impôt sur le revenu donne lieu à un prélèvement clairement mesurable par les intéressés. Il n'y a plus aucun moyen pour les individus de voir le rapport entre des prélèvements individuels et leur utilisation collective. Il en résulte une irresponsabilité généralisée.

L'État-providence ne peut être mieux accepté que si les mécanismes qu'il met en œuvre sont explicites pour tous. Cet effort de vérité n'est certes pas sans risques. Il oblige à prendre en compte toutes ces réalités que les concepts macro-sociologiques usuels refoulent ou gomment : les petits privilèges, l'extrême hétérogénéité de la condition salariale, les disparités de traitement fiscal, etc. La visibilité a un coût. Elle peut engendrer des tensions et des conflits. La difficulté du face-à-face lucide des individus et des groupes est illustrée par les résistances que rencontrent dans certains cas les expériences de publicité des revenus, des salaires ou des contributions fiscales. Une société totalement visible, où chacun vivrait sous le regard de tous, serait certes invivable. Girard a bien montré comment les sociétés ont besoin de produire des mécanismes qui limitent les effets explosifs d'un face-à-face radical. Mais nous sommes fort loin d'en être là. Nous

1. En matière de négociations de salaires dans le secteur public, on sait ainsi qu'une véritable politique contractuelle, malgré ses limites, n'a pu voir le jour qu'après la mise au point de procédures permettant de constater les situations réelles et leur évolution.

en sommes même trop loin. Car quoi de plus normal que l'expression de la tension née du vivre ensemble, tension dont la lutte des classes n'est qu'une manifestation particulière? La démocratie n'est-elle pas au contraire le lieu d'expression et de traitement de cette difficulté, dont l'affrontement de partis opposés est le signe? Dire conflit et dire société, c'est la même chose. La conflictualité reconnue est au cœur du processus d'auto-engendrement du social. L'idéal démocratique ne consiste pas à nier ou à gommer les conflits sous couvert d'improbable « consensus », mais à les rendre productifs et constructifs. Accroissement de la visibilité sociale et développement de la démocratie vont de pair dans ce sens.

L'illusion suprême qu'entretient l'État consiste à rendre chacun intimement persuadé qu'il a un intérêt *singulier* à l'opacité sociale, comme si la société pouvait être autre chose qu'un jeu à somme nulle en dernier ressort. Illusion qui se retourne d'ailleurs contre lui, car chacun est alors fondé à voir en lui un miraculeux opérateur de positivité. Du coup, c'est l'État qui devient la « victime émissaire », aussi systématiquement accusé de tous les maux qu'il est censé par ailleurs pouvoir répondre à toutes les demandes. Le coût de l'interface est finalement extrêmement élevé.

Pourquoi alors cette peur de la visibilité décelable à bien des indices? Recèle-t-elle un piège? Tout simplement parce qu'elle ne peut s'appréhender de façon statique. Elle instaure une dynamique sans fin de l'interrogation sociale. Elle oblige la société à se poser de façon radicale la question de son devenir. Or, cette question, nous sommes accoutumés à lui donner des réponses stéréotypées en recourant au panthéon usuel des valeurs démocratiques : la liberté, l'égalité, la justice. Mais, dès qu'elles doivent être mises en œuvre, ces valeurs perdent leur dimension d'évidence. L'égalité, oui, mais quelle *égalité?* Et qu'est-ce au juste que l'égalité? La similitude des rémunérations ou la « réduction » des inégalités? Une « juste » répartition des fruits de la croissance? Mais quelle est la norme de ce juste?

Nous touchons là au plus profond de ce qui fait le cœur de la démocratie : la formation d'une raison collective de l'être ensemble, la production de normes négociées [1]. La crise de l'État-providence est dans cette mesure le signe d'un déficit d'identité culturelle de notre société. Celle-ci est muette, rétractée, ne peut rien dire d'elle-même et ne pense pas son avenir. Débloquer l'État-providence, c'est donc aussi réanimer des espaces publics et démocratiques dans lesquels la société puisse faire travailler sur elle-même de façon lucide ces questions essentielles [2].

Accroître la visibilité sociale, c'est aussi faire émerger de façon plus localisée les besoins et les aspirations. C'est permettre que se greffent sur leur expression des formes de socialisation transversales et des solidarités courtes. La solidarité ne peut pas seulement reposer sur des règles et des procédures. Elle doit également avoir une dimension *volontaire*. L'autre est indissociablement *socius* et *prochain*. Je suis institutionnellement solidaire de tous les *socii* à travers l'État-providence, mais je ne suis immédiatement solidaire que de quelques réseaux de « proches ». La justice ne peut pas être seulement légale. La « morale sociale » ne peut pas être totalement absorbée et englobée par la loi. C'est une illusion dangereuse qui est entretenue par notre représentation de l'État comme providence laïque.

L'exemple de la société anglaise est particulièrement intéressant à analyser de ce point de vue. Alors même que l'État-providence

1. Mouvement que des auteurs comme Rawls cherchent à arrêter en supposant qu'il est possible d'édicter des règles *définitives* définissant ce qui est juste.

2. On pourra consulter à ce propos Noberto Bobbio, « La democrazia et il potere invisibile », *Rivista italiana de scienza politica*, Bologne, n° 2/1980. Bobbio montre bien comment la démocratie ne peut se concevoir que comme « pouvoir visible » (le mécanisme de la représentation politique ne prend d'ailleurs sens que dans cette perspective). Pour Bobbio, le risque de dégradation de la démocratie est lié au fait que des formes de pouvoir invisible se développent : le *criptogoverno* (les services secrets, les pouvoirs occultes) et le *sottogoverno* (lié au rôle de l'économie souterraine). Décomposition économico-sociale et décomposition démocratique vont ainsi de pair.

y est plus développé qu'en France, on compte près de six millions de « volontaires » dans ce pays. Les « associations de bon voisinage » *(good neighbour scheme)* y ont tissé des réseaux très denses d'échanges locaux, d'entraide, de prestations réciproques de services, etc. Depuis 1977, un organisme d'information sur cette floraison d'initiatives, le Mutual Aid Center (MAC), fonctionne comme pôle d'échange des expériences. « Nous avons la certitude, dit l'un de ses responsables, qu'il y a de nombreux domaines où il vaut mieux se débrouiller soi-même et aider ses voisins que compter sur un État lointain et surchargé [1]. » Le MAC a même lancé une station de radio centrée sur les informations concernant ces réseaux. Résultat : alors que la situation économique en Grande-Bretagne est plus mauvaise que partout ailleurs en Europe, le développement de cette socialité a permis à la société anglaise de limiter le choc de la baisse du pouvoir d'achat monétaire (près de 30 % en 7 ans!). Ce qui a été dans ce cas un moyen de défense sociale ne pourrait-il pas être ailleurs un vecteur de développement social?

1. Cf. Annie Battle, « Inventer la vie en Grande-Bretagne », *Le Monde*, 7 avril 1981.

5. L'espace post-social-démocrate

Pendant près de trente ans, les sociétés industrielles démocratiques se sont implicitement ou explicitement développées dans le cadre du compromis keynésien qui réglait les rapports entre l'économique et le social dans le cadre d'un jeu à somme positive. Ce modèle était fondé sur le développement de l'État-providence et sur la négociation collective. L'État-providence régissait les rapports entre l'État et la classe ouvrière et traduisait le poids économique et politique de celle-ci, que ce soit sous une forme institutionnalisée (dans les social-démocraties) ou sous la forme plus instable d'un simple rapport de forces dans les faits (cas des autres pays capitalistes). La négociation collective, de son côté, servait de cadre aux rapports entre le patronat et les syndicats, avec une intensité certes variable selon les pays.

Ce modèle est en train d'éclater dans les faits avec la déstabilisation de ces deux pôles essentiels de régulation jointe (indissociablement économique et sociale). Le ralentissement de la croissance et les nouvelles données de l'activité économique tendent d'abord à remettre en cause la tendance antérieure de progression de l'État-providence. Les conditions de la régulation économique et celles de la régulation sociale ne convergent plus. La négociation collective est ensuite en train de changer de nature avec le développement de la segmentation du marché du travail et les phénomènes d'éclatement de la classe ouvrière [1] (multiplication des statuts, délocalisation productive, disjonction entre « entreprise juridique » et « entreprise réelle », etc.). Celle-ci n'avait de sens que dans le contexte d'un espace social relativement homogène qui

1. Cf. sur ce thème J. Julliard, E. Maire, P. Rosanvallon, A. Touraine, B. Trentin, *Crise et avenir de la classe ouvrière*, Paris, Éd. du Seuil, 1979, et A. Gorz, *Adieux au prolétariat*, Paris, Galilée, 1979.

pouvait être appréhendé globalement. Aujourd'hui, c'est le démantèlement de cet espace social relativement unifié qui devient pour les entreprises le principal moyen de régulation économique du coût du social. L'enjeu n'est plus seulement dans le *contenu* de la négociation sociale mais dans son *champ*. C'est *la forme et la configuration de l'espace social* lui-même qui constitue l'objet central de la régulation.

Le modèle keynésien est donc en crise de ce double point de vue. Essoufflement de l'État-providence et perte de substance des formes classiques de la négociation collective vont de pair. Il devrait « logiquement » en résulter un aiguisement de la lutte des classes. Les conditions du partage salaires/profits sont par exemple plus brutales, elles ne sont plus englobées dans un mouvement général de croissance économique : les rapports sociaux s'expriment de plus en plus dans le cadre d'un jeu à somme nulle. Et pourtant, rien de tel ne se produit. La désagrégation de l'espace keynésien semble, contre toute attente, s'opérer sans heurts majeurs. Pourquoi? On ne peut pas seulement invoquer pour l'expliquer le recul numérique des forces syndicales ou l'insuffisance de la mobilisation sociale qui serait due à un aveuglement collectif sur la gravité de l'enjeu (aveuglement naturellement entretenu par la puissance maléfique de « l'idéologie dominante »). La raison majeure de cette sorte de consentement aux effets de la crise du modèle keynésien repose essentiellement, me semble-t-il, sur le fait que celui-ci n'apparaît plus comme un objectif positif, un vecteur de progrès social. La crise de l'État-providence s'inscrit dans un contexte de scepticisme diffus à son égard, de la part de ceux-là mêmes qui pouvaient en apparaître comme les principaux bénéficiaires. Cette défiance s'est exprimée sous un double mode.

Dans un premier temps, dans les années 1970, avant même la crise économique, ce sont les rapports de l'État et de la société qui ont fait l'objet d'une critique diffuse. C'est l'État, de façon assez générale et assez vague, qui était mis au banc des accusés, que ce soit dans une optique libertaire ou dans une optique libérale (les deux démarches s'entremêlant souvent d'ailleurs). La revendication autogestionnaire a exprimé ce mouvement dans l'espace politique socialiste : critique des technologies centralisatrices de gestion, valorisation du changement social par le bas, développement du thème de l'expérimentation. L'émergence d'une « nouvelle culture politique » traduisait ce mouvement et cherchait à donner un sens stratégique positif à ce refus du « social-étatisme [1] ». Face au modèle keynésien, un *modèle autogestionnaire* cherchait sa voie. Dans un second temps, c'est le socle sociologique du modèle keynésien qui s'est fissuré. Celui-ci était fondé sur une représentation bipolaire du social, appréhendée en termes de classes. De nouveaux champs de conflictualité sociale sont apparus, non réductibles pour ceux qui en étaient les acteurs au seul affrontement traditionnel de classe : rapports hommes/femmes, dirigeants/dirigés, État/régions, etc. Ni l'État-providence ni la négociation collective ne constituaient des instruments de régulation adéquats de ces phénomènes. Mais ces mouvements gardaient pour caractéristique d'avoir une *dimension collective*. Ils fondaient des identités collectives même s'ils n'avaient pas de traduction organisationnelle structurée. La question de leur rapport avec les formes politiques classiques (partis, syndicats) était donc posée. Tout l'effort d'Alain Touraine [2] peut se comprendre dans cette perspective : analyser l'émergence de nouveaux mouvements sociaux qui structureraient un *espace néo-keynésien,* remplissant des fonctions équivalentes à celles du syndicalisme dans l'espace keynésien classique. La démarche est parallèle à celle des promoteurs du modèle autogestionnaire, mais la perspective est quelque peu différente. Ces derniers pensaient essentiellement à une *correction* du modèle

1. Cf. P. Rosanvallon et P. Viveret, *Pour une nouvelle culture politique,* Paris, Éd. du Seuil, 1977.

2. Cf. le programme et la méthode de sa recherche sur les nouveaux mouvements sociaux qu'il expose dans *la Voix et le Regard,* Paris, Éd. du Seuil, 1978.

keynésien par le développement de technologies sociales et politiques plus décentralisées et autonomes. Touraine s'inscrit au contraire dans l'optique plus globaliste d'un néo-keynésianisme dans lequel *un* mouvement social jouerait un rôle central (c'est en ce sens qu'il reste marxien au sens fort du terme).

Dans les années 1980, un nouvel élément de sape des fondements du modèle keynésien est en train d'émerger : c'est la *diffraction du social.* Cette diffraction a plusieurs dimensions. Elle traduit d'abord l'éclatement de l'espace économique auquel correspondent à la fois la segmentation du marché du travail et le développement de l'économie souterraine. Elle accompagne ensuite tous les phénomènes de retrait social, de recherches d'alternatives individuelles dans le labyrinthe des segments, des statuts, des réglementations : un nombre croissant d'individus finit par estimer qu'il est plus avantageux de déterminer son propre chemin critique dans le grand graphe social – pour employer le langage de la recherche opérationnelle – que d'améliorer sa condition dans le cadre d'une avancée collective. Les rapports de l'individuel et du collectif s'en trouvent bouleversés et les organisations collectives, dont les syndicats, en mesurent chaque jour les conséquences dans la tendance à la baisse de leurs effectifs et dans le rétrécissement de l'activité militante traditionnelle. Ce phénomène de diffraction du social se caractérise actuellement par son ambiguïté. Il est à la fois signe d'un retrait réactionnaire, d'un mode de vie entropique et symptôme de l'ébauche de nouveaux rapports sociaux marqués par la recherche d'une plus grande proximité sociale, critique d'un « collectivisme » pesant. Il marque dans tous les cas une crise de la *forme du social,* du mode de composition des individus dans un système social. Dans ce contexte, c'est le concept même de régulation économique ou sociale qui tend à perdre son sens. Les notions de politique économique ou de politique sociale ne sont plus adaptées à cet espace diffracté, traversé par de multiples réseaux et d'innombrables strates, véritable pâte feuilletée. Il y a *dissémination* des mécanismes de régulation sociale dans l'épaisseur de ces espaces [1]. C'est un modèle de régulation éclatée, *intro-sociale*. Ce modèle peut être positif s'il fonde une société flexible, plus autonome. Mais il peut également se développer sous la forme perverse d'une société duale. Le mouvement de diffraction du social comme le mouvement de critique de l'État sont *largement indéterminés* dans leurs issues. Ils peuvent à la fois conduire à l'individualisme et au libéralisme classiques ou fonder de nouvelles perspectives sociales et politiques. C'est en fonction de cette indétermination qu'il faut comprendre l'ambivalence de cette sorte de consentement aux effets de la crise du modèle keynésien.

Face à cette crise, il y a donc deux modèles émergents : le modèle autogestionnaire, correspondant à une nouvelle conception des formes du politique, et le modèle intro-social, attaché à une nouvelle configuration des formes du social. Je résume dans le tableau ci-contre les caractéristiques de ces trois modes de régulation, liés à des pratiques et à des représentations différentes du social.

Avec la faillite du modèle keynésien comme mode central et unique de régulation, c'est l'idée social-démocrate ou socialiste qui se trouve interrogée dans ses fondements. C'est la principale marque de l'affaiblissement de la perspective social-démocrate : elle ne sait plus se penser que dans une optique défensive. Et il n'y a pas de retour en arrière envisageable, il n'est pas possible de restaurer l'image d'une social-démocratie mobilisatrice. Impossible d'oublier et de gommer les défiances dont elle fait l'objet, les mutations socioculturelles qui la mettent en porte à faux. N'avoir comme seul objectif que de revenir à un espace keynésien, c'est se condamner à l'échec et permettre aux forces néo-libérales de récupérer à leur seul profit l'ébranlement des formes politiques

1. La tentative des économistes de circonscrire et de mesurer l'économie informelle traduit leur essai de ramener cet espace complexe à leurs catégories usuelles. Volonté de mettre à distance les espaces non keynésiens dans une seule grande catégorie du « souterrain ».

LES TROIS MODES DE RÉGULATION DE L'ESPACE POST-SOCIAL-DÉMOCRATE			
	Régulation keynésienne	***Régulation autogestionnaire***	***Régulation intro-sociale***
Objet de la régulation	**Rapports de classe (capital/travail)**	**Rapports État/société civile (base/sommet)**	**Rapports individus/société (individuel/collectif)**
Agents sociaux correspondants	**État, patronat, syndicats (et partis éventuellement correspondants)**	**Mouvements sociaux, groupes de base**	**Individus, familles, groupes de voisinage, etc.**
Enjeu central	**Économique : partage de la croissance (emploi, revenus, équipements collectifs)**	**Socio-politique : les formes du politique (décentralisation, autogestion, expérimentation sociale)**	**Sociétal : les formes du social (structure et flexibilité)**
Espace de régulation	**Unique et homogène : la nation, inscrite dans une division internationale du travail stable et limitée.**	**Double : décentralisé dans la société civile et centralisé dans la société politique (espace public démocratique)**	**Multiple et déterritorialisé, visible et invisible**
Mode de régulation	**Global : négociation collective + État-providence**	**Local (auto-régulation) et global (démocratie)**	**Disséminé et encastré dans le tissu social**

et sociales de ce compromis keynésien. Ce qui résistera le mieux dans le modèle keynésien, ce seront d'ailleurs paradoxalement ses aspects les plus négatifs. Des coalitions disparates – tant à l'intérieur qu'à l'extérieur de l'État – empêcheront le démantèlement de l'État-providence et seront relativement capables d'en maintenir l'ossature formelle dans une perspective de défense de l'emploi des fonctionnaires et de maintien des traditions réglementaires. Il n'existerait plus qu'à l'état de machinerie morte. D'un autre côté, certaines forces syndicales en position plus stratégique pourront continuer à négocier des contrats de travail dans des conditions favorables. Mais elles deviendront des sortes de puissants noyaux de corporatisme dans un rapport des forces sociales globalement déstructuré. Si aucune alternative positive à l'État-providence n'est proposée par ceux qui en bénéficient le plus, nous irons vers une société bâtarde dans laquelle le renforcement des mécanismes de marché coexistera avec le maintien des formes étatistes rigides et le développement d'une corporatisation sociale partielle. Ce type de société reposera sur une addition de dualismes, engendrant à la fois des blocages et de nouvelles injustices. Il serait insupportable socialement et inefficace économiquement. L'alternative n'est donc pas entre le maintien nostalgique du modèle keynésien et le néo-libéralisme « pur », elle est pratiquement entre un modèle pseudo-libéral rigide et ce que j'appelle la *post-social-démocratie.* L'espace post-social-démocrate repose sur la réduction du rôle du modèle keynésien et sur sa combinaison avec les modes de régulation autogestionnaire et intro-social.

C'est seulement dans cette perspective qu'il est possible de définir un *compromis social* qui produise des effets équivalents à ce que représentait le compromis social-démocrate dans le cadre de l'espace keynésien. Son objet central concernerait les formes du social et du politique. Il consisterait à échanger la possibilité d'une plus grande flexibilité de l'activité économique et d'une certaine débureaucratisation de l'État contre la reconnaissance d'une autonomie accrue des personnes et des groupes qui serait garantie par des acteurs collectifs (dont les syndicats) et des institutions. Il s'agirait d'*un compromis qui reviendrait ainsi à échanger réciproquement des flexibilités et des rigidités.* Les syndicats accepteraient par exemple une plus grande mobilité de la force de travail en échange d'un accroissement de leur rôle dans l'entreprise et dans la politique économique. Réduction des rigidités syndicales contre réduction des rigidités patronales; accroissement des flexibilités des organisations contre accroissement des flexibilités des individus. Il n'y a pas aujourd'hui d'autre schéma qui puisse être envisagé étant donné le rapport des forces sociales dans les sociétés industrielles. C'est un schéma de compromis, c'est-à-dire qu'il repose à la fois sur des concessions réciproques et sur un échange globalement avantageux pour les différentes parties en présence. Si ce compromis n'a pas lieu, c'est aux conditions relatives du seul patronat que se feront les baisses de rigidités et les accroissements de flexibilités.

D'une façon plus générale, on peut définir le compromis post-social-démocrate comme l'imbrication d'un triple compromis :

– Compromis avec le patronat, d'ordre socio-économique. Les conditions de la réduction et de l'aménagement du temps de travail en constituent le premier enjeu exemplaire. Dans le cas de la France, il est en outre important que ce compromis ait également une dimension keynésienne classique, dans la mesure où le déficit des procédures de négociation collective y est particulièrement marqué, comparativement au système des relations professionnelles qui prévaut dans la plupart des autres pays.

– Compromis avec l'État, d'ordre socio-politique. Il a pour objet d'échanger la stabilisation de l'État-providence à son niveau actuel contre un accroissement des possibilités d'expérimentation et de substitution d'auto-services collectifs à la demande d'État classique. Il implique également un élargissement des libertés civiles.

– Compromis de la société avec elle-même. Il a pour objet de procéder à un déblocage de l'État-providence et de permettre l'expression de solidarités négociées et non plus subies dans le cadre d'une plus grande visibilité sociale. C'est un *compromis démocratique,* redonnant un sens concret à l'idée de contrat social. On comprend dans cette mesure que le développement d'un espace post-social-démocrate est lié à l'entrée dans une nouvelle étape de la vie démocratique; il est inséparable de la constitution d'un véritable *espace public démocratique,* qui soit le lieu du travail lucide de la société sur elle-même. La constitution d'un espace post-social-démocrate suppose ainsi que ce triple compromis puisse se réaliser. Il ne s'agit pas de substituer cette perspective à celle d'un projet plus exigeant comme celui du socialisme autogestionnaire. Mais force est de reconnaître que la réalisation de ce dernier n'est pas actuellement à l'ordre du jour dans le court terme. L'horizon post-social-démocrate, tel que je le définis, est pourtant le seul qui ne soit pas contradictoire avec un tel projet, même s'il n'en réalise que certains aspects dans le cadre nécessaire d'un compromis social. Il définit l'optimum du possible dans le cadre des contraintes qui traversent la société française.

1. Repères historiques

Fiche 1
Origine de l'expression « État-providence »

● C'est sous le second Empire qu'apparaît l'expression « État-providence » dans la langue française. Elle est forgée par des penseurs libéraux hostiles à l'accroissement des attributions de l'État mais également critiques vis-à-vis d'une philosophie individualiste trop radicale. ÉMILE OLLIVIER, député républicain rallié à l'Empire après 1860, développa cette approche dans son *Rapport fait au nom de la commission chargée d'examiner le projet de loi relatif aux coalitions.* Critiquant la loi Le Chapelier de 1791 qui avait interdit les corporations, il estima que la conception de ce qu'il appela le premier l'État-providence était liée à une philosophie sociale qui ne reconnaissait que l'intérêt particulier de chaque individu et l'intérêt général. L'économiste ÉMILE LAURENT reprit ce thème avec vigueur, parlant de l'État « érigé en une sorte de providence ». Il préconisait comme alternative le développement d'associations de prévoyance.

Références

Émile Laurent, *Le Paupérisme et les Associations de prévoyance,* Paris, 1865, 2 vol. Cf. t. 1, p. 65-66.

Émile Ollivier, *Commentaire de la loi du 25 mai 1864 sur les coalitions,* Paris, 1864. Notamment p. 51-52.

● L'expression anglaise **welfare state** (état de bien-être) est beaucoup plus récente. Elle a été forgée dans les années 1940 (alors que l'on parlait de *welfare policy* dès le début du XXe siècle). Le terme allemand correspondant, **Wohlfahrstaat,** a été employé dès les années 1870 par les « socialistes de la chaire » (cf. fiche 4). Le terme **Sozialstaat** était également utilisé pour qualifier les réformes mises en œuvre par Bismarck dans les années 1880. On peut encore noter que l'expression *Wohlfahrstaat* désignait aussi, sous la plume d'historiens allemands du XIXe, les aspects jugés les plus positifs de l'action de police *(Polizeistaat)* dans les gouvernements du XVIIIe siècle : police du prix des grains, de la lutte contre la cherté, etc. La référence est donc nettement antilibérale, puisque ce sont justement ces règlements de police économique que les auteurs comme Adam Smith critiquaient vigoureusement.

Fiche 2
La Grande-Bretagne, des *poor laws* au *welfare state*

● La Grande-Bretagne est le premier pays dans lequel l'assistance sociale fut organisée de façon systématique. Depuis le début du XVIIe une série de *poor laws* (lois sur les pauvres) réglementa et organisa cette assistance.

Le statut de 1601 *(old poor law)*, mis en place sous le règne d'Élisabeth, en fixa les principaux cadres. Il visait trois classes d'indigents : les valides, les invalides et les enfants. Les secours devaient être organisés sur une base paroissiale; ils étaient alimentés par une taxe spéciale. Les enfants et les invalides nécessiteux recevaient des allocations monétaires. En ce qui concerne les pauvres valides, leur situation d'indigence étant le plus souvent liée à l'inactivité, les paroisses étaient dans l'obligation de les secourir en leur fournissant un travail. Droit à l'assistance et droit au travail étaient donc affirmés parallèlement. C'est dans ce contexte que commencèrent à se développer les **workhouses** (maisons de travail) dans lesquelles on rassemblait les indigents valides. **La loi du domicile de 1662** *(Act of Settlement)* précisait l'organisation territoriale de ce système en interdisant aux paroisses de se débarrasser de leurs pauvres et en contraignant ces derniers à ne pas changer de domicile.

Le Gilbert's Act de 1782 assouplit ces principes, sauf en ce qui concerne la loi du domicile. Il autorisa, dans certaines conditions, le secours en argent pour tous les pauvres, y compris les valides. Il entérina également l'évolution des faits en ce qui concerne les *workhouses* qui purent également recevoir des enfants et des invalides (elles étaient déjà devenues dans la plupart des cas des sortes d'asiles, organisés avec rigidité, qui ressemblaient beaucoup plus à des prisons qu'à des « maisons de travail »). Mais ce fut surtout l'**acte du Parlement de Speenhamland (1795)** qui marqua une inflexion dans la politique d'assistance vis-à-vis des pauvres. Pris dans un contexte de crise économique et de forte recrudescence du paupérisme, il reconnut le droit de tout homme à un minimum de subsistance : s'il ne pouvait en gagner qu'une partie par son travail, c'est la société qui devait lui en fournir le complément. Cette première ébauche de **revenu minimal garanti** fixait une échelle des secours proportionnée au prix du blé et au nombre des enfants. Si elle améliora rapidement la situation des plus indigents, elle eut également pour contrepartie de provoquer un abaissement généralisé des salaires agricoles : comme il y avait compensation, les patrons eurent tendance à se décharger sur la collectivité.

Références

Émile Chevalier, *La Loi des pauvres et la Société anglaise*, Paris, 1895.

Paul Mantoux, *La Révolution industrielle au XVIIIe siècle*, Paris, Génin, 1973.

● Cette organisation de l'assistance aux pauvres fut vigoureusement critiquée dès la fin du XVIIIe siècle. ADAM SMITH voyait par exemple dans la loi du domicile un obstacle sociologique fondamental au développement de l'économie de marché. MALTHUS dénonça avec vigueur les effets économiques pervers de ces lois d'assistance. Le débat autour des lois sur les pauvres, de la fin du XVIIIe siècle au début du XIXe siècle, reflète pratiquement les **tensions entre l'aristocratie terrienne et la bourgeoisie industrielle montante.** La gentry voyait dans les lois sur les pauvres la condition de la sauvegarde de l'ordre rural traditionnel; elles étaient le prix à payer pour maintenir leur pouvoir (prix fort élevé puisque la taxe sur les pauvres avait quadruplé de 1785 à 1830; elle représentait en 1834 le sixième du revenu net de la propriété foncière : il y avait alors environ un assisté pour 10 habitants). L'industrie avait au contraire besoin d'une force de travail mobile et disponible. La loi du domicile et l'existence d'un droit au revenu minimal quel que soit le revenu du travail constituaient de puissants obstacles à la formation d'un prolétariat industriel. « La loi du domicile, disait William Pitt à la Chambre des Communes en 1796, empêche l'ouvrier de se rendre sur le marché où il pourrait vendre son travail aux meilleures conditions et le capitaliste d'employer l'homme compétent, capable de lui assurer la rémunération la plus élevée pour les avances qu'il a faites. »

● Le capitalisme industriel obtint finalement une remise en cause de ce système. Le **Poor Law Amendment Act** de 1834 abolit le principe de la territorialisation et du domicile. Il instaura un système plus centralisé, unifiant géographiquement les aides, mais le rendit en même temps beaucoup plus sélectif. La situation du pauvre assisté devait être beaucoup moins avantageuse que celle du travailleur.

C'est cette loi qui permit la formation d'un marché du travail compétitif et favorisa l'émergence d'un prolétariat mobile contraint de vendre sa force de travail, même à bas prix, pour survivre. 1834 marque en ce sens une date essentielle dans le développement du capitalisme industriel en Grande-Bretagne : le développement de l'économie de marché était rendu possible par la formation d'une véritable **société de marché**. Parallèlement, l'instauration du libre-échange par l'**abrogation de la loi sur les blés en 1846** *(Anti-Corn Law Bill)* consacra l'entrée de la Grande-Bretagne dans sa grande ère libérale du XIXᵉ siècle.

Différentes réformes en matière d'assistance furent opérées au cours du XIXᵉ siècle sans altérer ces nouveaux principes. C'est dans ce contexte impitoyable que se multiplièrent les *friendly societies* et toutes les organisations mutuelles ouvrières destinées à garantir un minimum de protection sociale aux travailleurs.

Références

François Bédarida, *La Société anglaise, 1851-1975*, Paris, Artaud, 1976.

Eric J. Hobsbawn, *Histoire économique et sociale de la Grande-Bretagne*, tome II, *De la révolution industrielle à nos jours*, Paris, Éd. du Seuil, 1977.

Karl Polanyi, *La Grande Transformation*, Paris, Gallimard, 1983.

E. P. Thomson, *The Making of the English Working Class*, Londres, Pelican Books, 1975.

B. et S. Webb, *English Local Government : English Poor Laws History*, Londres, 1927.

● Il faut attendre le début du XXᵉ siècle pour que cette situation se modifie. Avec le développement du Labour Party, le mouvement ouvrier est alors devenu une force agissante au plan parlementaire. En

1905, une commission royale est nommée pour étudier la réforme de l'assistance publique. BEATRICE et SIDNEY WEBB, les fondateurs du mouvement fabien, en seront les principaux animateurs. Ils publieront en 1909 leur fameux *Minority Report* dans lequel ils exposent leurs conceptions. Ils insistent sur la nécessité d'une politique de prévention et expriment la doctrine d'une « obligation mutuelle entre l'individu et la communauté ». Il faut organiser, disent-ils, « l'universel maintien d'un minimum de vie civilisée qui doit être l'objet de la responsabilité solidaire d'une indissoluble société ». Les principes du sacro-saint libéralisme commencèrent à être remis en cause. Sous l'impulsion de LLOYD GEORGE, deux lois fondamentales furent votées après d'âpres débats parlementaires.

En **1908, loi sur l'assistance aux vieillards.** Un système de pensions était institué en faveur des vieillards indigents. Mais la grande novation consiste dans la **mise en place en 1911 d'un système d'assurances-maladie et chômage.** Cette assurance était obligatoire et s'appliquait aux seuls ouvriers gagnant moins de 320 livres par an. Gérée par l'État, elle couvrait également le risque d'invalidité. Elle marque le début de la constitution d'un *welfare state* en Grande-Bretagne. Lloyd George parla d'un système qui permettrait de prendre en charge l'individu « du berceau à la tombe » par des mécanismes d'assurance.

Cette loi fut complétée en 1920 et 1931 par des plans d'assistance-chômage plus développés. En 1925, un système de pensions en faveur des veuves et des orphelins fut également institué. C'est sur cette base que s'édifia l'œuvre de BEVERIDGE.

Fiche 3
Le plan Beveridge de 1942 : l'avènement du *welfare state*

● Sir WILLIAM BEVERIDGE avait été au début du siècle l'un des secrétaires de Beatrice et Sydney Webb dans la commission d'étude pour la réforme du système d'assistance publique. Élu plus tard député libéral, il fut chargé en 1941 d'un rapport sur l'organisation d'un système britannique de sécurité sociale. Son rapport publié en 1942, *Social Insurance and Allied Services,* servit de base pour édifier le système britannique. Mais il inspira beaucoup plus largement toutes les réformes menées dans les principaux pays après la Seconde Guerre mondiale. C'est le document qui a le premier exprimé les grands principes de constitution de l'État-providence moderne. Si l'expression de « sécurité sociale » avait été officiellement employée pour la première fois aux États-Unis avec la mise en place du **Social Security Act** par Roosevelt en 1935, c'est seulement avec Beveridge que cette expression prend le sens qu'elle a aujourd'hui.

● Le régime de sécurité sociale préconisé par Beveridge dans son rapport est en rupture avec la conception restrictive des « assurances sociales » qui s'était affirmée à travers les diverses réformes des années 1930, aux États-Unis ou en Europe. Il repose sur une **nouvelle conception du risque social et du rôle de l'État.** La sécurité sociale a pour but de « libérer l'homme du besoin » en garantissant une **sécurité du revenu.** Est considéré comme risque social tout ce qui menace le revenu régulier des individus : maladie, accidents du travail, décès, vieillesse, maternité, chômage. Face à des politiques existantes partielles, résultant de réformes partielles et limitées, il propose la mise en œuvre d'un système global et cohérent. Le régime d'assurance sociale qu'il préconise a quatre caractéristiques principales :

– C'est un système **généralisé,** qui couvre l'ensemble de la population quel que soit son statut d'emploi ou son revenu.

– C'est un système **unifié et simple** : une seule cotisation couvre l'ensemble des risques qui peuvent entraîner une privation du revenu.

Beveridge pose le principe de la « compensation nationale des risques sociaux ».

– C'est un système **uniforme** : les prestations sont uniformes quel que soit le gain des intéressés.

– C'est un système **centralisé** : il préconise une réforme administrative et la création d'un service public unique.

Parallèlement, Beveridge propose une politique sociale d'État ayant trois objectifs : aide à la famille par des allocations familiales, amélioration de la santé publique par la création d'un National Health Service, organisation de l'emploi. Son système prévoit un **financement fiscal complémentaire** des cotisations pour couvrir les risques de santé et les charges familiales.

● Pour Beveridge, cette nouvelle politique de sécurité sociale n'a de sens que si elle est liée à une **politique de plein emploi**. Il écrira en 1944 un ouvrage sur ce thème, *Full Employment in a Free Society (Du travail pour tous dans une société libre)*. Le chômage est en effet pour lui le risque social majeur. D'un certain point de vue, toute la politique sociale qu'il préconise assimile même presque la maladie, l'accident, la maternité ou la vieillesse à des périodes d'inactivité forcée. « Ce doit être une fonction de l'État, écrira-t-il, que de protéger ses citoyens contre le chômage de masse, aussi définitivement que c'est maintenant la fonction de l'État que de défendre les citoyens contre les attaques du dehors et contre les vols et les violences du dedans. »

Références

Social Insurance and Allied Services, Londres, 1942. Ce rapport n'a jamais été traduit en français. Il est résumé dans *la Notion de sécurité sociale, le Plan Beveridge*, Cahiers de l'ISEA, série C, nº 1, 1945.

Du travail pour tous dans une société libre, Paris, 1945 (trad. française).

Fiche 4
Bismarck et la formation de l'« État social » en Allemagne

● C'est en Allemagne que sont apparus les premiers éléments de politique sociale ouvrant la voie de l'État-providence moderne.

Comme dans la plupart des pays, c'est en matière d'**accidents du travail** que les premiers pas furent faits. Dès 1871, à peine l'Empire constitué, une loi posa le principe d'une responsabilité limitée des industriels, en cas de faute, dans les accidents du travail. Même si ses effets furent limités par la multiplication d'inextricables procès, elle ouvrit une brèche. Ce n'est qu'en 1897 en Grande-Bretagne et en 1898 en France que des lois semblables virent le jour. En 1881, le gouvernement impérial présenta au Parlement, le Reichstag, un projet de loi obligeant les patrons à s'assurer contre les accidents de leurs employés à une caisse d'Empire, que l'État devait gérer et subventionner. Si le principe de la subvention fut repoussé par le Parlement, le système de l'assurance obligatoire fut retenu.

Dès le début de son gouvernement, Bismarck se trouva confronté à la force montante du parti social-démocrate. Il mena une vigoureuse politique de répression, interdisant le parti en 1878, saisissant ses journaux et emprisonnant ses chefs. **Pour compenser cette répression, il chercha à développer une politique sociale active.** « Messieurs les démocrates, dira-t-il dans ses *Mémoires,* joueront vainement de la flûte lorsque le peuple s'apercevra que les princes se préoccupent de son bien-être. » Le terrain était en outre déjà préparé par des éléments de réformes sociales précédemment adoptées, avant l'unification nationale, en Prusse et dans le Bade-Wurtemberg.

C'est dans ce contexte que furent votées de 1883 à 1889 trois grandes lois.

La loi du 15 juin 1883 sur l'assurance-maladie fut la première. Elle rendit l'assurance-maladie **obligatoire,** mais seulement pour les ouvriers de l'industrie dont le revenu annuel ne dépassait pas 2 000 marks. Bismarck visait exclusivement la classe ouvrière salariée. Les cotisations étaient pour deux tiers à la charge des salariés et pour un tiers à la charge des employeurs. Ces assurances sociales furent gérées par des **institutions autonomes** qui s'administraient elles-mêmes sous le contrôle de l'État. Si les patrons occupaient un tiers des sièges au conseil de ces institutions (au prorata de leur contribution), les ouvriers étaient majoritaires : la classe ouvrière était en situation de **gérer un patrimoine collectif** (expérience fondamentale pour l'histoire de la social-démocratie allemande). Ces institutions pouvaient légalement prendre trois formes : caisses d'entreprises, caisses professionnelles, caisses communales (pour regrouper les ouvriers isolés et dispersés comme les ouvriers boulangers, les employés d'artisans, etc.). Une fourchette de taux de cotisations était fixée par la loi : entre 1,5 % et 2 % du gain quotidien pour les salariés affiliés à des caisses communales, entre 3 % et 4,5 % pour les salariés affiliés aux autres caisses. Les allocations versées en cas de maladie étaient fonction du gain. Cette loi était étendue en 1885 et 1886 à la plupart des salariés, y compris aux ouvriers agricoles.

La loi de 1884 sur les accidents du travail mit en œuvre les principes décidés en 1881. Les patrons devaient obligatoirement cotiser à des caisses corporatives pour couvrir les invalidités permanentes résultant d'accidents du travail. Une rente de 66,6 % du salaire devait être payée à l'ouvrier en cas d'incapacité totale. En cas de décès, la veuve touchait une rente de 20 %, plus 15 % pour chaque enfant à charge de moins de quinze ans (avec un plafond de 60 %).

La loi de 1889 sur l'assurance-vieillesse-invalidité institua un premier système obligatoire de retraites. Les caisses étaient alimentées par des cotisations payées par moitié par les employeurs et par moitié par les ouvriers.

Ces trois lois furent codifiées et étendues par le **Code des assurances sociales de 1911**, premier modèle historique du genre.

Face au mutuellisme anglais de l'époque lié au vide libéral en matière de protection sociale, le modèle allemand était le premier à instituer des systèmes de protection obligatoires. Il avait également pour fonction d'**encadrer la population salariée.** Mais loin d'extirper la social-démocratie de la classe ouvrière, il allait au contraire fournir les bases de son enracinement.

Références

E. Grüner, *Les Lois d'assistance ouvrière en Allemagne,* Paris, 1887.

Joseph Rovan, *Histoire de la social-démocratie allemande,* Paris, Éd. du Seuil, 1978.

● La mise sur pied d'un tel système, historiquement novateur, ne peut simplement s'expliquer pour des motifs de tactique sociale et politique. Elle a également été favorisée par un **courant intellectuel et social porteur.** FERDINAND LASSALLE, le père du socialisme allemand, considérait l'État, à l'inverse des socialistes français, comme le vecteur du progrès social. Dans son discours de Ronsdorf, il affirme ainsi : « Rien ne pourra nous porter secours que l'aide de l'État; comment il faut s'y prendre, nous ne le savons pas, c'est l'affaire des savants; mais ce que nous savons, c'est que si l'État ne s'occupe pas de nous, si nous restons entre les mains des fabricants, nous sommes perdus. » L'intervention sociale de l'État correspondait donc à une culture politique et sociale du mouvement ouvrier allemand.

Mais c'est surtout le **socialisme de la chaire,** avec WAGNER, SCHAEFFLE et SCHMOLLER, qui devait contribuer à répandre cette conception dans de plus larges couches de l'opinion. **En 1872 à Eisenach,** un imposant congrès composé de professeurs (d'où l'expression « socialisme de la chaire » que leurs adversaires leur donnèrent par dérision), d'économistes, de juristes et de fonctionnaires « déclare la guerre » au libéralisme symbolisé par l'école anglaise de Manchester. Le *Manifeste d'Eisenach,* rédigé par Schmoller, qui devait régner pendant trente ans sur les sciences économiques et sociales en Allemagne, déclara l'État « grand instituteur moral de l'humanité ». Il lui demande « de faire participer une fraction de plus en plus nombreuse de notre peuple à tous les biens élevés de la civilisation ». Ces intellectuels fondèrent le *Verein für Sozialpolitik* (association pour la politique sociale) dont l'influence fut extrêmement importante.

Références

Le *Manifeste d'Eisenach* a été traduit et commenté dans la *Revue d'économie politique,* Paris, 1892, p. 245 *sq.*

● Une attention particulière doit être portée à l'œuvre d'ADOLF WAGNER. C'est cet économiste qui a le plus systématiquement traité du rôle économique et social de l'État. Ce dernier était à ses yeux l'« assureur naturel » qui devait réaliser une double mission de justice et de civilisation. Dans les quatre volumes de son traité *Finanzwissenschaft*, il préconisa un système fiscal corrigeant les injustices distributives du marché par l'impôt progressif sur le revenu et la taxation des enrichissements sans cause (les plus-values).

Dans ses *Fondements de l'économie politique*, il expose sa célèbre « loi de l'extension croissante de l'activité publique ou d'État chez les peuples civilisés qui progressent ». Il fait reposer cette loi sur un constat. « Des comparaisons dans l'histoire et dans l'espace, écrit-il, montrent chez les peuples civilisés en voie de progrès un développement régulier de l'activité de l'État et de l'activité publique exercée à côté de l'État par les diverses administrations autonomes.

» Cela se manifeste au point de vue **extensif** et **intensif** : l'État et lesdits corps autonomes se chargent de plus en plus d'activités nouvelles et exécutent de façon de plus en plus complète et plus parfaite ce qui est l'objet de leurs activités anciennes et nouvelles. Ainsi un nombre toujours croissant de besoins économiques du peuple, surtout de **besoins collectifs**, sont satisfaits et le sont de mieux en mieux par l'État et ces corps autonomes. Nous en avons la preuve manifeste et mathématique dans l'accroissement des besoins financiers de l'État et des communes. L'État, particulièrement, devient par là d'une façon absolue de plus en plus important pour l'économie nationale et les individus. Mais aussi son **importance relative** s'accroît : c'est-à-dire qu'une portion relative toujours plus grande et plus importante des besoins collectifs d'un peuple civilisé en progrès se trouve satisfaite par l'État » (*Fondements...*, t. III, p. 379).

« Plus la société se civilise, plus l'État est dispendieux », dira-t-il encore. Cette loi, fondée sur les évolutions de l'économie et de la société, a également une dimension politique : le mouvement de la démocratie signifie pour Wagner que le système des besoins tend de plus en plus à être intégré au système politique de régulation. Pour lui, la loi d'extension se manifeste dans les deux domaines de l'activité de l'État : celui du « droit et du pouvoir » et celui de la « civilisation et du bien-être ».

Dans son **message au Reichstag du 17 novembre 1881**, l'empereur faisait sienne cette conception. L'État se voyait reconnaître, « non seulement une mission défensive visant à protéger les droits existants, mais également celle de promouvoir positivement par des institutions appropriées et en utilisant les moyens de la collectivité dont il dispose, le bien-être de tous ses membres et notamment des faibles et des nécessiteux ». (On notera que cette approche « positive » de l'État est radicalement contraire à l'approche « négative » des libéraux.)

Références

André Rendu, *La Loi de Wagner et l'Accroissement des dépenses dans les budgets modernes*, Paris, 1910.

Adolf Wagner, *Les Fondements de l'économie politique*, Paris, 1909-1913, 5 vol. (trad. française). Le rôle de l'État et l'exposé de la loi se trouvent dans le tome III.

Fiche 5
La genèse du système français de sécurité sociale

Au début du XXe siècle, dans les années 1910, la législation sociale française est nettement **en retrait** de celle qui a été élaborée dans de nombreux autres pays européens, et tout particulièrement en Allemagne et en Grande-Bretagne. L'Autriche et la Hongrie ont importé le système allemand d'assurance-maladie en 1888 et en 1907; la Suède, la Norvège et le Danemark ont également mis en place des législations de ce type au début des années 1910.

La première loi de protection sociale « moderne » est celle du **9 avril 1898 sur les accidents du travail.** Il avait fallu près de vingt ans pour faire aboutir la proposition de loi déposée par Martin Nadaud en 1880. Des lois analogues avaient précédemment été votées en Allemagne et en Grande-Bretagne. C'est seulement à cette date que les insuffisances de l'article 1382 du Code civil sur la responsabilité individuelle furent reconnues pour traiter des accidents du travail.

Dès 1890, un projet de loi avait été déposé par Laisant sur les **retraites ouvrières et paysannes** (ROP). Cette proposition ne devint réalité que **le 5 avril 1910.** Cette loi sur les ROP avait été faite par ceux qui en voulaient le moins. Elle fixait des cotisations extrêmement faibles : 9 F par an pour l'ouvrier et 9 F par an pour le patron, soit moins de 0,5 % du salaire ouvrier moyen. Les pensions étaient donc elles-mêmes très faibles et ne dépassaient pas le montant attribué antérieurement pour l'assistance aux plus indigents. La CGT fut violemment hostile à ce projet. La gestion des cotisations étant assurée par l'État, Jouhaux estimait que le système qui reposait sur le principe de la capitalisation reviendrait « à faire servir l'argent des ouvriers à leur exploitation ». La CGT estimait également que ce principe de la capitalisation était d'autant moins admissible qu'à peine 5 % des ouvriers atteindraient statistiquement l'âge de 65 ans auquel les pensions devaient être versées. Jouhaux lance alors le slogan : « **Contre la capitalisation! Pour la répartition!** » La loi sur les retraites ouvrières et paysannes fut globalement un échec, échec accéléré par des arrêts de la Cour de cassation de 1911 et 1912 qui lui enlevèrent pratiquement son caractère obligatoire.

● En matière d'**assurance-chômage**, la France prit également un grand retard sur ses voisins. Alors que des législations avaient été élaborées en 1911 en Grande-Bretagne et en 1927 en Allemagne, législations qui seront étendues et améliorées dans les années 1930, un véritable système d'assurance-chômage ne fut mis en place en France qu'en **1958** avec la création des **ASSEDIC** (« associations pour le développement de l'emploi dans l'industrie et le commerce » regroupées dans une union nationale, l'UNEDIC). Avant cette date, les chômeurs relevaient de l'assistance sociale pour les cas les plus difficiles et n'étaient donc pas légalement protégés (seul un décret de 1951 organisa de façon plus régulière, mais avec de très strictes conditions d'accès, l'assistance-chômage). Dans l'entre-deux-guerres, et même au plus fort de la crise des années 1930, l'argumentation libérale fut assez forte pour éviter de mettre en place des systèmes équivalents à ceux de l'Angleterre et de l'Allemagne. JACQUES RUEFF mena cette offensive en publiant plusieurs articles qui eurent un grand retentissement. Reprenant le raisonnement de Malthus à propos des lois sur les pauvres, il estimait que l'assurance-chômage serait un facteur direct d'accroissement de ce dernier. Il « suffisait » à ses yeux de baisser les salaires pour résorber le chômage.

Le débat sur les **assurances sociales** se développa à partir de 1920. **La référence à l'exemple allemand** joua un grand rôle. Après le retour de l'Alsace et de la Lorraine à la France, le problème de l'harmonisation des législations sociales se trouva en effet posé. De nombreux députés parlèrent de la « nécessité d'assimiler la législation française à la législation de nos frères retrouvés des départements du Bas-Rhin, du Haut-Rhin et de la Moselle ». En 1920, Millerand, le président du Conseil, venait significativement d'être nommé commissaire en Alsace-Lorraine et le ministre du Travail, Jourdain, était député alsacien du Bas-Rhin. Mais, à l'inverse, les adversaires des assurances sociales répéteront que « l'Allemagne a perdu la guerre pour avoir endommagé son système nerveux avec les assurances sociales »!

Le premier projet de loi, déposé en 1921, n'aboutit qu'en 1928. Soutenu par la CGT, il était combattu par la CGT-U communiste qui parlait de « loi fasciste » et de « bluff démocratique »; les milieux patronaux, médicaux et catholiques (craignant la « laïcisation » complète de toutes les œuvres charitables), y furent violemment hostiles. La loi fut donc remaniée.

C'est le **30 avril 1930 que la loi définitive sur les assurances sociales** vit le jour. Les risques couverts étaient les suivants : maladie, maternité, vieillesse, invalidité, décès. Les cotisations étaient de 4 % du salaire à la charge de l'ouvrier et 4 % à la charge du patron. Seuls les salariés de l'industrie et du commerce étaient couverts, et seulement ceux dont le salaire était inférieur à un certain plafond. Les assurés pouvant choisir leur caisse, on vit se développer une floraison et une dispersion des institutions de gestion. Le système représentait une sorte de **compromis entre le régime d'assurance obligatoire à l'allemande et le mutuellisme à l'anglaise.** En 1935, dix millions de salariés étaient couverts.

Le **11 mars 1932** fut votée la **loi sur les allocations familiales.** Elle obligeait les employeurs de l'industrie et du commerce à s'affilier à des caisses de compensation agréées qui distribuaient les allocations. Ces allocations étaient considérées comme une sorte de **sursalaire,** dues aux salariés en échange de leur travail. La loi fut vigoureusement critiquée par les économistes libéraux car elle affirmait l'existence d'un certain rapport entre le salaire et les besoins et ne faisait plus dépendre le niveau du revenu du seul travail.

● C'est après la Seconde Guerre mondiale que se mettra en place le système qui est actuellement en vigueur. On notera la grande influence que le **rapport Beveridge** exerça sur les rédacteurs du programme du Conseil national de la Résistance. Après une première **ordonnance du 4 octobre 1945** (institution du « régime général », principe de gestion mutuelliste ouvrière), c'est la **loi du 22 mai 1946** qui institua un **système généralisé de sécurité sociale pour toute la population.** En 1984, il n'y a pourtant toujours pas d'unification administrative des différents régimes, de nombreux régimes spéciaux subsistant (agriculture, mines, EGF, fonctionnaires, etc.) à côté du régime général.

Références

Étienne Antonelli, *Comment furent votées les assurances sociales,* Paris, 1933. (Antonelli était le rapporteur du projet de loi.)

Paul Durand, *La Politique contemporaine de sécurité sociale,* Paris, 1953.

REPÈRES HISTORIQUES

Henry C. Galant, *Histoire politique de la sécurité sociale,* Paris, 1952.

Henri Hatzfeld, *Du paupérisme à la sécurité sociale,* Paris, Colin, 1971.

David J. Saposs, *The Labor Movement in Post-War France,* New York, 1931.

Pour les problèmes contemporains, se référer à Jean-Jacques Dupeyroux, *Droit de la sécurité sociale,* Paris, Dalloz 1977, à J. Fournier et N. Questiaux, *Traité du social,* Paris, Dalloz, 1975 et à J.-P. Dumont, *La Sécurité sociale toujours en chantier (historique, bilan, perspectives),* Paris, Éditions ouvrières, 1981.

Fiche 6
La croissance quantitative de l'État français

L'histoire quantitative de l'État français reste encore à écrire. Une telle entreprise se heurte en effet à de nombreuses difficultés méthodologiques (problèmes de raccordement des séries statistiques, variation des catégories de la comptabilité publique, etc.). Deux ouvrages relativement récents ont pourtant fait avancer d'un grand pas la réalisation de ce projet.

● Les travaux de Louis Fontvieille portent sur la **période 1815-1969.** L'auteur tire un quadruple constat de son travail qui a été mené dans le cadre du « Groupe de recherche d'histoire quantitative de l'économie française » :

1° Les dépenses de l'État – *stricto sensu* – par rapport au produit physique ont à peu près triplé de 1815 à 1969, sans tenir compte des dépenses des collectivités locales et de la sécurité sociale (Fontvieille définit le « produit physique » comme étant l'équivalent de la production intérieure brute **sans les services marchands**). La prise en compte des collectivités locales et de la sécurité sociale reviendrait environ à doubler ce rapport.

2° Cette croissance, conforme à la « loi de Wagner », ne s'effectue pas de façon régulière. Elle est marquée par trois grands bonds en avant nettement localisés : lendemains de la guerre de 1870, puis de celle de 1914-1918 et enfin crise des années 1930. C'est donc après les guerres et pendant les crises que les dépenses de l'État changent brusquement de rythme. Ce phénomène a également été mis en évidence dans d'autres études statistiques des dépenses publiques sur le long terme, portant notamment sur la Grande-Bretagne et les États-Unis.

3° Les dépenses de l'État sont caractérisées par des fluctuations longues dont la période est identique à celle des mouvements longs d'expansion et de stabilisation ou de récession économiques décrits par Simiand et Kondratieff, **mais les phases caractérisant les dépenses** publiques sont de sens opposé à celles des mouvements de Simiand et Kondratieff. Il y a progression rapide des dépenses publiques au cours des « phases B » de difficultés économiques et régression relative pendant les « phases A » de prospérité économique. Ce phénomène est particulièrement net à partir de 1850. Mais il apparaît encore plus clairement si l'on isole ce que Fontvieille appelle les « dépenses liées » : éducation, action sociale, travaux publics, dette (intérêts payés), action locale et colonies.

4° Fontvieille distingue ainsi les « dépenses liées au développement de l'économie nationale » et les « dépenses non liées » : la défense nationale, l'administration générale, les affaires étrangères, la justice, la police et les prisons, les cultes, les dépenses exceptionnelles. Les premières correspondent à un État d'intervention économique et sociale et les secondes à l'État « classique », certains diraient à l'État minimal. Sur la base de cette distinction, l'analyse de l'évolution des dépenses de l'État montre que sa croissance est essentiellement due au développement des dépenses liées. Elles représentaient 2,43 % du produit physique sur la période 1815-1819 et 24,25 % sur la période 1965-1969, alors que les dépenses non liées passaient seulement de 9,49 % à 12,53 % pendant les mêmes périodes de référence. Les dépenses de l'État pour l'éducation sont passées de 0,04 % du produit physique sur la période 1815-1819 à 2,11 % sur la période 1935-1938 (certaines séries statistiques particulières n'ont pas été poursuivies jusqu'en 1969), celles de l'action sociale passent de 0,07 % à 1,8 %, celles de l'action économique de 0,04 % à 4,04 %. Par contre, des dépenses liées plus classiques comme celles concernant les travaux publics ont connu un rythme d'évolution moins rapide : de 0,46 % à 1,93 % sur les mêmes périodes de référence.

On notera enfin que les dépenses liées, à très peu d'exceptions près, progressent beaucoup plus régulièrement que les dépenses non liées. Ce sont surtout ces dernières qui subissent de brusques variations dans le sens de la progression ou de la régression (mouvements résultant pour une grande part des variations des dépenses militaires).

Tous ces résultats peuvent se lire dans le tableau ci-après.

TABLEAU I

LES DÉPENSES DE L'ÉTAT PAR RAPPORT AU PRODUIT PHYSIQUE DE LA FRANCE[1]

		DÉPENSES DE L'ÉTAT produit physique %	DÉPENSES LIÉES[2] produit physique %	DÉPENSES NON LIÉES[3] produit physique %
1815-1819	PHASE B	11,92	2,43	9,49
1820-1824		10,37	3,37	7,00
1825-1829		10,81	2,98	7,83
1830-1834		9,56	3,14	6,42
1835-1839		8,58	3,24	5,34
1840-1844		9,19	3,79	5,40
1845-1849		9,44	4,36	5,08
1850-1854	PHASE A	9,46	3,93	5,53
1855-1859		9,82	3,76	6,06
1860-1864		9,94	4,17	5,77
1865-1869		9,74	4,10	5,64
1870-1874	PHASE B	18,64	5,39	13,25
1875-1879		14,58	7,18	7,40
1880-1884		16,32	8,81	7,51
1885-1889		16,75	8,76	7,99
1890-1895		16,36	8,88	7,48
1895-1899	PHASE A	16,77	8,94	7,83
1900-1904		15,64	8,01	7,63
1905-1909		13,79	7,02	6,77
1910-1913		14,15	7,05	7,10
1920-1924	PHASE B	29,18	13,89	15,29
1925-1929		15,11	8,84	6,27
1930-1934		30,77	15,88	14,89
1935-1938		35,88	17,83	18,05
1950-1954	PHASE A	35,57	20,43	15,14
1955-1959		36,98	22,43	14,55
1960-1964		35,93	22,13	13,80
1965-1969		36,78	24,25	12,53

1. Série J.-C. Toutain, cité par Fontvieille, *op. cit.*
2. Les dépenses liées au développement de l'économie nationale comprennent : les intérêts de la dette, les dépenses coloniales, l'éducation, l'action sociale, l'action économique, les travaux publics et l'action sociale.
3. Les dépenses non liées comprennent : la défense nationale, l'administration générale, les affaires étrangères, la justice, la police et les prisons, les cultes, les dépenses exceptionnelles.

L'interprétation que donne Fontvieille de ces résultats s'inscrit dans le cadre de la théorie marxiste de la suraccumulation-dévalorisation du capital : quand il y a suraccumulation (phases B), l'État s'emploie à « dévaloriser » une partie du capital engagé dans la production, de façon à « maintenir un taux de profit élevé pour la fonction dominante du capital ».

Si les statistiques fournies par Fontvieille sont fort précieuses, de nombreux économistes ont discuté son interprétation et même sa périodisation entre les phases A et B. Ces divergences reproduisent le débat global dans la théorie économique sur l'analyse de la croissance de l'État (cf. fiches 7 et 8).

Références

Louis Fontvieille, « Évolution et croissance de l'État français de 1815 à 1969 », *Économies et Sociétés,* Cahiers de l'ISMEA, série AF, n° 13, 1976 (préface de J. Marczewski).

● Christine André et Robert Delorme, du CEPREMAP (Centre d'études prospectives d'économie mathématique appliquées à la planification), ont publié de leur côté une recherche portant sur la période 1870-1980, plus étroite donc que celle de Fontvieille. Ils ont reconstruit leurs séries statistiques sur une base différente, prenant en compte l'ensemble des dépenses publiques (État central + collectivités locales + sécurité sociale) dans leur rapport à la PIB (production intérieure brute). On ne s'étonnera pas de leur constat global concernant la croissance de l'État : de 1870 à 1980, les dépenses publiques totales quadruplent relativement à la PIB (cf. tableau II ci-après).

Cette évolution générale, comme le montrent les tableaux statistiques qu'ils ont élaborés, est pourtant loin d'avoir été marquée par une progression linéaire régulière. Les auteurs insistent au contraire sur le « mouvement extrêmement diversifié et heurté des dépenses publiques ». Cette évolution est en effet marquée par plusieurs phénomènes :

– Au niveau de la structure des dépenses publiques, on note d'abord la régression relative de la part de l'État central : elle représentait 72,1 % des dépenses publiques en 1900 et seulement 55,2 % en 1971. Mouvement essentiellement lié à la croissance des dépenses de sécurité sociale et à l'évolution des dépenses des collectivités locales. Les dépenses des collectivités locales représentaient 27,9 % des dépenses

TABLEAU II

POURCENTAGE PAR RAPPORT A LA PIB DES DÉPENSES PUBLIQUES

	ÉTAT	COLLECTIVITÉS LOCALES	SÉCURITÉ SOCIALE	ÉTAT + COLL. LOC. + SÉC. SOC.
1872	8,2	2,8	0	11,0
1880	11,0	3,6	0	14,6
1890	10,5	3,8	0	14,3
1900	10,4	4,0	0	14,4
1903	9,8	4,4	0	14,2
1906	10,3	4,6	0	14,8
1909	10,4	4,6	0	15,0
1912	8,8	3,8	0	12,6
1920	27,8	5,0	0	32,8
1921	25,6	5,5	0	31,1
1922	30,7	5,1	0	35,9
1923	24,7	4,7	0	29,4
1924	19,9	4,7	0,1	24,6
1925	17,4	5,1	0,1	22,6
1926	15,8	4,7	0,1	20,6
1927	15,8	5,0	0,1	20,8
1928	14,7	5,3	0,1	20,1
1929	13,6	5,1	0,1	18,7
1930	16,4	5,3	0,2	21,9
1931	16,9	5,6	0,4	22,9
1932	19,6	6,4	0,6	26,6
1933	19,5	6,7	0,7	26,9
1934	18,9	7,3	0,8	26,9
1935	21,3	8,3	0,9	30,5
1936	21,5	7,9	1,0	30,4
1937	19,1	6,2	0,9	26,2
1938	20,1	5,5	0,9	26,5

1947	29,1	3,7	8,1	40,9
1948	30,6	4,1	6,5	41,1
1949	27,2	4,7	6,6	38,6
1950	29,1	5,3	6,9	41,3
1951	29,2	5,2	6,8	41,1
1952	32,1	5,3	7,0	44,3
1953	34,9	5,9	7,9	48,8
1954	35,0	6,2	8,6	49,8
1955	35,0	6,4	9,2	50,6
1956	38,0	6,4	9,3	51,7
1957	34,8	6,7	10,3	51,8
1958	33,5	6,4	10,3	50,2
1959	32,2	6,5	10,8	49,4
1960	30,0	6,8	10,9	47,7
1961	30,2	7,2	11,3	48,7
1962	30,5	7,2	11,0	48,7
1963	31,7	7,1	11,7	50,5
1964	29,3	7,1	12,3	48,8
1965	28,8	7,2	12,9	48,9
1966	29,2	7,4	12,9	49,4
1967	29,7	7,5	12,9	50,2
1968	29,7	7,5	12,7	50,0
1969	28,9	7,4	13,4	49,8
1970	28,0	7,3	14,1	49,3
1971	27,5	7,9	14,4	49,8

Source : André et Delorme, *op. cit.*

Cette croissance se retrouve dans l'évolution des effectifs des agents des collectivités publiques. En pourcentage de la population active, ils passent de 5,2 % en 1872 à 11,8 % en 1971 (12,4 % en incluant le personnel employé par la Sécurité sociale).

publiques en 1900 et 15,9 % en 1971, après être descendues à 9,1 % en 1947. Si 3,4 % seulement des dépenses publiques transitaient en 1938 par les organismes de Sécurité sociale, ce pourcentage montait à 19,8 % en 1947 et 28,9 % en 1971.

– Sur la période 1947-1971, les dépenses de l'État ont augmenté à un taux annuel moyen (en volume) de 3,8 %, celles des collectivités locales de 6,4 %, celles de la Sécurité sociale de 7,8 %. Les dépenses de l'État central mesurées en pourcentage de la PIB n'ont pas progressé de 1947 à 1971 et ont même régressé de 8 points entre 1956 et 1971.

– Les sauts quantitatifs les plus importants dans l'évolution des dépenses publiques semblent liés aux guerres : 12,6 % de la PIB en 1912 et 32,8 % en 1920, 26,5 % en 1938 et 40,9 % en 1947.

– La structure des dépenses de l'État s'est elle-même considérablement modifiée, comme le montre le tableau III ci-contre.

Tout en se réclamant du « matérialisme historique », André et Delorme font preuve de beaucoup plus de prudence que Fontvieille dans l'interprétation de ces faits et n'ont pas recours comme ce dernier à une explication de la croissance de l'État mécaniquement fondée sur la théorie de l'accumulation-dévalorisation. Si la croissance de l'État-nation et l'accumulation ne sont pas pour eux deux phénomènes séparés, ils insistent sur l'État comme rapport, « à la convergence de tensions internes, et comme élément des tensions externes ». A l'origine des changements majeurs des interventions publiques, écrivent-ils, nous n'avons pas trouvé d'initiatives de l'État, mais le plus souvent l'accompagnement sous une forme publique de tensions nées en dehors d'une influence directe de l'État. Tensions sociales qui ont compté pour établir un « compromis institutionnalisé » qui trouve sa correspondance au niveau des dépenses publiques. Tensions externes dans la compétition commerciale et militaire (les guerres). Tensions enfin liées aux conditions de l'accumulation du capital.

Références

Christine André et Robert Delorme, *L'État et l'Économie, un essai d'explication de l'évolution des dépenses publiques en France, 1870-1980*, Paris, Éd. du Seuil, 1983.

Cette volumineuse recherche a été présentée de façon résumée

TABLEAU III

STRUCTURE DES DÉPENSES DE L'ÉTAT SUIVANT LES DOMAINES D'APPLICATION

	PP	AGRIC. COMM. IND.	TRANSP.	LOG. URB. A.T.	ÉDUC.	SS	AC	DÉF.	DETTE ET DIVERS	Total
1872	18,0	0,6	6,7	0,6	2,1	2,0	0	26,4	43,6	100
1880	14,1	0,9	15,3	1,9	3,7	0,5	0	29,8	33,8	100
1890	13,6	1,4	6,8	0,6	7,1	0,7	0	33,8	36,1	100
1900	14,3	3,4	6,9	1,2	7,4	0,8	0	37,7	28,4	100
1912	12,9	1,7	9,4	0,6	9,3	4,3	0	41,1	20,7	100
1920	12,3	0,4	11,9	2,4	3,7	1,7	1,9	42,4	23,3	100
1926	10,5	0,7	4,5	1,8	6,6	2,1	10,1	19,9	43,9	100
1932	10,6	1,1	8,9	3,0	10,0	6,4	13,4	27,4	19,2	100
1938	10,1	2,3	5,9	1,4	9,5	6,0	5,9	40,7	18,2	100
1947	15,6	11,6	11,4	7,6	8,8	4,8	3,4	32,2	4,6	100
1953	12,9	8,5	7,9	12,1	8,1	5,3	3,9	36,1	5,2	100
1959	13,1	11,7	5,7	9,8	12,5	8,0	5,0	26,7	7,5	100
1965	12,4	12,7	9,1	6,0	19,5	10,6	4,7	19,8	5,3	100
1971	12,8	9,9	8,5	4,0	23,8	11,3	3,7	18,8	7,2	100

PP : pouvoirs publics. AGRIC., COMM., IND. : agriculture, commerce, industrie. TRANSP. : transports. LOG., URB., A.T. : logement, urbanisme, aménagement du territoire. ÉDUC. : éducation. SS : sécurité sociale. AC : anciens combattants. DÉF. : défense. DETTE ET DIVERS : intérêts de la dette publique et dépenses non ventilables.

Source : André et Delorme, *op. cit.*

On notera la tendance à l'amenuisement de la dette publique (remboursement d'emprunts) et les variations des dépenses de défense qui culminent logiquement « autour » de chaque guerre.

par les auteurs dans deux articles : « L'évolution séculaire des dépenses publiques en France », *Annales ESC*, mars-avril 1978, et « Des déterminants des dépenses publiques à l'étude de la place de l'État dans la formation économique et sociale française », *Vie et Sciences économiques* (revue de l'ANDESE), nº 77, avril 1978.

2. Les éléments du débat théorique

Fiche 7
L'analyse marxiste de l'État-providence

● L'analyse de l'État s'est développée chez Marx dans deux directions qui sont loin d'être cohérentes. Chez lui coexistent en effet une approche libertaire et une approche économique de l'État.

La critique libertaire de l'État est notamment présente dans *le Dix-huit Brumaire de Louis Bonaparte*. Il parle dans ce texte de l'« immense organisation bureaucratique et militaire, avec son mécanisme étatique complexe et artificiel » comme d'un « effroyable corps parasite, qui recouvre comme d'une membrane le corps de la société française et en bouche tous les pores ». Dans la *Critique du programme de Gotha*, il raille le socialiste allemand Lassalle qui valorise le rôle de l'État pour aider à la solution de la « question sociale » (c'est sur le terrain de cette culture politique que les projets de Bismarck se grefferont). Marx écrit à ce propos : « Croire qu'on peut construire une société nouvelle au moyen de subventions de l'État aussi facilement qu'on construit un nouveau chemin de fer, voilà qui est bien digne de la présomption de Lassalle! » Pour Marx, en effet, l'avènement du communisme est lié au dépérissement de l'État. Dans une société où les rapports économiques et sociaux seront égalitaires, il n'y aura pas besoin d'une machine à redistribuer les revenus, le social ne sera plus extérieur à l'économique. La solidarité sera immédiatement exprimée par l'existence de relations sociales de type communautaire (cf. sur ce point ses lettres à Vera Zassoulitch).

Mais **la critique marxiste de l'État est également économique et politique.** Marx décrit à de nombreuses reprises l'État comme appareil de domination au service de la bourgeoisie. Son existence est liée à « l'intérêt matériel de la bourgeoisie ». Il écrit par exemple dans *la Guerre civile en France :* « Au fur et à mesure que le progrès de l'industrie moderne développait, élargissait, intensifiait l'antagonisme de classe entre le capital et le travail, le pouvoir d'État prenait de plus en plus le caractère d'un pouvoir public organisé aux fins d'asservissement social, d'un appareil de domination d'une classe. » « Le pouvoir d'État, dit-il dans *le Manifeste communiste,* n'est qu'un comité qui gère les affaires communes de la classe bourgeoise dans son ensemble. » Dans *le Capital,* il n'abordera pourtant que de façon marginale la question du rôle de l'État dans le développement économique du capitalisme.

L'attitude de Marx vis-à-vis de la législation du travail est par ailleurs ambiguë. Il reconnaît d'un côté qu'elle est le résultat de la lutte des classes, qu'elle constitue une « concession arrachée de haute lutte au capital ». « La création d'une journée de travail normale, dit-il à propos de la loi anglaise sur les dix heures, est en fait le résultat d'une guerre civile longue et opiniâtre entre la classe capitaliste et la classe ouvrière. » Mais il affirme par ailleurs que « l'actuelle loi sur la journée de travail de dix heures et demie – comme toutes les autres lois de fabrique – n'est qu'une concession apparente des classes dirigeantes aux ouvriers ». Il n'y a pas coïncidence entre son analyse « théorique » de la logique de l'accumulation du capital et de l'exploitation et son approche « historique » du développement capitaliste structuré par la lutte des classes. Dans le premier cas, il y a une rationalité sans failles du Capital autour de laquelle tout s'ordonne, dans le second cas cette rationalité est « perturbée » par la lutte des classes.

Références

Tous les textes de Marx cités sont publiés aux Éditions sociales, sauf les *Lettres à Vera Zassoulitch,* in *Œuvres d'économie,* t. II, Paris, La Pléiade, 1968. Les textes sur la législation du travail se trouvent soit dans *le Capital,* soit dans des articles dispersés (dont certains sont cités dans Marx et Engels, *le Syndicalisme,* Paris, Maspero, 1972, 2 vol.). Sur l'analyse marxiste de l'État, se reporter à M. Rubel, « Matériaux pour un lexique de Marx : État », *Économies et Sociétés,* Cahiers de l'ISMEA, série S, nos 19-20, 1978.

● **L'analyse marxiste contemporaine de l'État-providence est généralement d'ordre économique. L'État-providence est une « béquille du capital » selon l'expression d'Anicet Le Pors, l'un des experts économiques du PCF. Un marxiste anglais, Ian Gough, définit l'État-providence comme un « usage de la puissance de l'État pour modifier la reproduction de la force de travail et maintenir la population non travailleuse dans le capitalisme ». Il consiste à faire prendre en charge par l'État, à la place des entreprises capitalistes, une partie des dépenses (santé,** culture, etc.) de reproduction de la force de travail. L'État-providence est donc principalement appréhendé à partir des impératifs économiques du Capital : il a pour fonction de décharger celui-ci. Paul Boccara a systématisé cette approche en développant la **théorie de la suraccumulation-dévalorisation du capital** qu'il présente comme un prolongement des travaux de Marx dans *le Capital*. Le capitalisme, pour Boccara, est marqué par la contradiction entre le développement des forces productives et les rapports de production, et il a constamment tendance à suraccumuler le capital. Dans cette perspective, il analyse le développement de l'État comme un moyen de « dévaloriser » le capital et donc d'enrayer la tendance à la baisse du taux de profit liée à la suraccumulation. L'État-providence est ainsi compris comme un instrument de la dévalorisation. Louis Fontvieille, qui s'est servi de ces concepts pour expliquer la croissance de l'État français de 1815 à 1969, écrit que « la prise en charge par les pouvoirs publics de certaines dépenses sociales relatives à l'entretien ou au renouvellement de la force de travail, équivaut à une dévalorisation partielle du capital variable ». Il interprète dans les termes suivants les séries statistiques qu'il a établies :

« Dans les phases de difficultés économiques, le développement rapide des dépenses d'intervention de l'État tend à assurer la dévalorisation de tout ou partie de l'excès du capital accumulé. A ce titre, il participe au processus de régulation du système économique.

» Dans la phase de prospérité, le fonctionnement d'une procédure structurelle de dévalorisation du capital rend inutile toute intervention nouvelle de l'État. »

Le développement de l'État-providence est ainsi organiquement lié aux mouvements du capital. C'est un moyen de **régulation structurelle** du capitalisme. Sans intervention croissante de l'État, le capitalisme s'effondrerait : c'est la thèse du **capitalisme monopoliste d'État.**

Cette thèse centrée sur l'analyse des modes de régulation liés aux contradictions du mode de production capitaliste a été développée de façon plus sophistiquée par des auteurs comme Aglietta, Dockès et Rosier, Boyer et Mistral.

Références

Michel Aglietta, *Régulation et crises du capitalisme,* Paris, Calmann-Lévy, 1976.

Paul Boccara, *Études sur le capitalisme monopoliste d'État, sa crise et son issue,* Paris, Éditions sociales, 1973.

R. Boyer et J. Mistral, *Accumulation, inflation, crises,* Paris, PUF, nouvelle édition, 1983.

P. Dockès et B. Rosier, « Crise et transformation du capitalisme », in *l'Occident en désarroi, ruptures d'un système économique,* Paris, Dunod, 1978.

Louis Fontvieille, « Évolution et croissance de l'État français de 1815 à 1969 », *Économies et Sociétés,* Cahiers de l'ISMEA, série AF, n° 13, 1976.

Ian Gough, *The Political Economy of the Welfare State,* Londres, Macmillan, 1979.

Anicet Le Pors, *Les Béquilles du capital,* Paris, Éd. du Seuil, 1977.

● Certains auteurs marxistes ont cherché à dépasser cette analyse trop étroitement économique. James O'Connor pose ainsi que « l'État capitaliste doit essayer de remplir deux fonctions de base souvent contradictoires : **l'accumulation et la légitimation** ». L'État-providence correspond également dans cette perspective à une nécessité de légitimation sociale du système. Jürgen Habermas a développé cette appréhension de l'État-providence dans *Raison et légitimité,* qui élargit le travail de O'Connor. « L'État, écrit-il, **compense** les conséquences du dysfonctionnement du processus d'accumulation qui ont provoqué au sein des fractions isolées du capital ou des travailleurs organisés et d'autres groupes susceptibles de s'organiser, des réactions qui peuvent être imposées politiquement. » **« Éviter les crises »** est pour Habermas le but thématisé de l'action de l'État. La crise actuelle de l'État-providence est à ses yeux indissociablement une crise financière (crise des ressources de l'État) et une crise de légitimation. « Une crise de légitimation, dit-il, apparaît dès que les prétentions à des dédommagements conformes au système augmentent plus vite que la masse des valeurs disponibles, ou quand apparaissent des attentes qui ne peuvent être satisfaites par des dédommagements conformes au système. » Pour O'Connor, la crise actuelle de l'État peut être surmontée par la mise en place d'un **complexe social-industriel** (qui ait pour fonction de transformer des dépenses sociales en capital social), alternative qui implique une forte hausse de la productivité économique. C'est dire, dans d'autres termes, que l'État-providence doit s'accroître pour répondre à la crise de légitimation et d'accumulation, mais que cette extension n'est possible que si le bond en avant de la productivité permet d'en limiter le coût. Mais c'est un raisonnement qui était tenu avant la crise de 1974!

Références

Jürgen Habermas, *Raison et légitimité, problèmes de légitimation dans le capitalisme avancé,* Paris, Payot, 1978.

Ralph Miliband, *L'État dans la société capitaliste,* Paris, Maspero, 1973.

James O'Connor, *The Fiscal Crisis of the State,* New York, St Martin Press, 1973.

Fiche 8
Les analyses économiques de la croissance de l'État-providence

Outre l'analyse marxiste, on peut distinguer trois grands types d'explications économiques de l'État-providence : les analyses économiques « classiques », l'approche socio-économique (la théorie économique de la bureaucratie), l'approche politico-économique (la théorie économique du marché politique).

● **Les analyses économiques « classiques »**

On peut en distinguer principalement trois.

– **La théorie des biens collectifs** est fondée sur la distinction entre les biens divisibles et les biens indivisibles (routes, infrastructures, services publics divers). La caractéristique des biens indivisibles réside dans le fait que leur « consommation » ne peut être individualisée. La demande socialisée à laquelle ils sont liés entraîne dans la plupart des cas une offre elle-même socialisée. Dans la mesure où la demande de ces biens indivisibles augmente plus rapidement que celle des biens divisibles (les objets de consommation classique), il en résulte un accroissement de l'État et donc de l'État-providence. Cette théorie recoupe celle des **externalités** pour laquelle le développement du marché entraîne quasi mécaniquement une prise en charge par la collectivité de toutes les insuffisances techniques des marchés privés : l'État compense et corrige l'économie de marché qui ne pourrait plus fonctionner sans son intervention (on notera le parallélisme avec l'analyse marxiste). C'est la conception qui est la plus traditionnellement exposée dans les manuels d'économie politique et de finances publiques; elle est liée à ce que les économistes appellent depuis Pigou **l'économie du bien-être.**

– **La théorie de la productivité différentielle.** Elle explique l'accroissement du secteur public par la différence d'évolution de la productivité entre le secteur public et le secteur privé. Cette analyse repose sur le constat que de nombreux services publics sont essentiellement des

« services de main-d'œuvre ». Les dépenses de personnel représentant par exemple la plus grande part du budget de l'éducation, il est donc pratiquement impossible d'accroître la « productivité » de l'enseignement. Pour maintenir un niveau et une qualité constants des services publics, il faut donc augmenter relativement les dépenses correspondantes (cf. W. J. Baumol).

— **La théorie des effets de déplacement.** Elle n'explique pas à proprement parler les raisons de la croissance relative du secteur public. Elle tente surtout de rendre compte de la **rigidité à la baisse** de la dimension de ce secteur public. A. T. Peacock et J. Wiseman la présentent dans ces termes : « Quand les sociétés ne sont pas sujettes à des pressions inhabituelles, l'idée que les gens se font du niveau tolérable de prélèvements obligatoires tend à être à peu près stable [...]. Mais des perturbations, comme les guerres, peuvent créer **un effet de déplacement**, poussant les revenus et les dépenses publics à un niveau plus élevé. Après que la perturbation a disparu, de nouvelles représentations du niveau supportable des prélèvements obligatoires et un nouveau seuil de dépenses peuvent être atteints. Cet effet de déplacement a deux aspects. Les gens acceptent, en temps de crise, un accroissement du revenu public qui aurait été préalablement jugé intolérable, et l'acceptation d'un nouveau niveau des prélèvements obligatoires se maintient quand la perturbation a disparu. Il est plus difficile de mettre une selle sur un cheval que de l'y laisser quand elle s'y trouve. En même temps, les bouleversements sociaux imposent de nouvelles obligations durables aux gouvernements à la fois comme suite des fonctions assumées en temps de guerre (par exemple les réparations, les paiements de pension) et comme résultante des changements dans les idées sociales. » Cette approche est ainsi à la fois sociologique et économique.

Références

W. J. Baumol, *Welfare Economics and the Theory of the State*, Cambridge Mass., Harvard UP, 2ᵉ éd., 1967 (le livre clef sur la théorie des externalités).

—, « Macroeconomics of Unbalanced Growth : the Anatomy of Urban Crisis », *American Economic Review*, juin 1967 (sur la théorie de la productivité différentielle; on notera que cette théorie a toujours servi de base à des analyses locales — enseignement, hospitalisation, etc. – mais jamais à un essai d'explication globale du phénomène de croissance de l'État).

Maurice Dobb, *Économie du bien-être et économie socialiste*, Paris, Calmann-Lévy, 1972 (trad. française).

P. et R. A. Musgrave, *Public Finance in Theory and Pratice*, New York, Mac Graw Hill, 1976.

A. T. Peacock et J. Wiseman, *The Growth of Public Expenditure in the United Kingdom*, Londres, Allen and Unwin, 1967 dans la même perspective, cf. également Richard M. Titmuss, *Essays on the Welfare State*, Londres, Unwin University Books, 2e éd., 1963).

Pour la critique de ces différentes théories, se reporter à l'ouvrage fondamental de Christine André et Robert Delorme, *L'État et l'Économie, un essai d'explication de l'évolution des dépenses publiques en France, 1870-1980*, Paris, Éd. du Seuil, 1983.

● La théorie économique de la bureaucratie

Elle vise à expliquer l'accroissement relatif de l'État de façon endogène et non plus exogène (évolution de la demande, externalités, effets de déplacement, etc.). Dans cette théorie, ce sont les principes mêmes de fonctionnement des services publics qui sont la cause de leur accroissement.

On notera que cette approche, qui a donné lieu à la production d'un grand nombre de travaux depuis une dizaine d'années, ne fait que rationaliser à l'aide d'une méthodologie économique des constats antérieurs sur les phénomènes bureaucratiques. Guillaume de Humboldt notait ainsi dès la fin du XVIIIe siècle dans son *Essai sur les limites de l'action de l'État* : « Ceux qui traitent les affaires d'État tendent de plus en plus à négliger les choses elles-mêmes pour n'en considérer que la forme; ils apportent à celle-ci des améliorations peut-être réelles; mais, comme ils n'accordent pas à la chose principale une attention suffisante, ces améliorations lui sont souvent funestes. De là naissent des formes nouvelles, de nouvelles complications, souvent de nouvelles prescriptions restrictives, qui tout naturellement donnent lieu à un nouveau renfort de fonctionnaires. **De là tous les dix ans, dans la plupart des États, une extension du personnel des employés, un agrandissement de la bureaucratie, une restriction à la liberté des sujets.** »

Plus récemment, HAYEK a insisté sur le **rôle des experts** dans la croissance de l'État. « Ils sont toujours sans hésitation, dit-il, en faveur du développement des institutions dont ils sont experts. » Les hommes politiques, qui sont dépendants de l'avis de ces experts, sont donc incapables d'enrayer le développement des services publics. Dans un sens parallèle, d'autres auteurs ont insisté sur le rôle moteur de **la professionnalisation et de la syndicalisation** des métiers sociaux dans le développement de ces secteurs.

Le principal théoricien économique actuel de la bureaucratie, NISKANEN, a cherché à traduire en termes économiques ces comportements. Pour lui, la croissance de la bureaucratie est liée à une double inefficacité des services publics. La première, **l'inefficacité allocative**, provient d'un **excès de production** des services publics qui tient au fait que l'objectif central des managers publics est de maximiser le budget dont ils disposent : l'augmentation de la « production » devient un objectif autosuffisant qui échappe à la norme économique classique d'égalisation du coût marginal et de l'utilité marginale du service pour les usagers. Cette inefficacité allocative provoque un transfert artificiel et économiquement non fondé du privé vers le public. La seconde, **l'inefficacité productive**, tient au fait qu'il n'y a pas de sanctions économiques ou d'incitations-récompenses pour contraindre les managers publics à accroître les performances économiques de leurs services; il y a ainsi altération des « droits de propriété » dont l'existence fonde le dynamisme économique dans le secteur privé. Parallèlement, cette inefficacité est également liée à l'absence de procédures concurrentielles dans le secteur public.

Niskanen en conclut qu'il faut introduire la concurrence dans la bureaucratie et modifier le système de motivation et de rémunération personnelles des managers publics si l'on veut éviter que la part du secteur public s'accroisse relativement.

Références

M. Feldstein et R. Inman, *The Economics of Public Services,* Londres, 1977.

F. A. Hayek, *The Constitution of Liberty,* Chicago, The University of Chicago Press, 1960 (en particulier la 3e partie : « Freedom in the welfare state »).

Guillaume de Humboldt, *Essai sur les limites de l'action de l'État*, Paris, 1867 (trad. française).

W. A. Niskanen, *Bureaucracy and Representative Government*, Chicago, Aldine, 1971.

Les principaux auteurs de cette théorie économique de la bureaucratie ont été présentés en français par Xavier Greffe, *Analyse économique de la bureaucratie*, Paris, Economica, 1981, ainsi que par G. Terny et P. Baraduc, *Éléments d'une théorie économique des organisations publiques non marchandes*, rapport pour le Commissariat général du Plan, GREP, Université de Paris-X-Nanterre, 1980. Le livre de Greffe développe par ailleurs de pénétrantes analyses propres.

● La théorie du marché politique

Cette théorie s'inscrit dans la perspective plus générale de l'école du *public choice* qui se propose de rendre compte de l'ensemble des phénomènes sociaux en utilisant le paradigme de l'*homo economicus*. Dans cette perspective, la vie politique est elle-même appréhendée en termes économiques. « Tout comme le marché, écrit Tullock, l'État est conçu comme un mécanisme au travers duquel les hommes tentent de réaliser leurs objectifs. » L'homme politique, qui est un *homo economicus* comme les autres, a ainsi pour but de réaliser son objectif central – être réélu à son poste – et non pas de maximiser l'intérêt général. D'où le développement du système de *log-rolling* (expression qu'on peut traduire par marchandage parlementaire). La croissance de l'État est le produit de ce système : pour satisfaire des minorités d'électeurs – groupes de pression, catégories particulières – dont le soutien est jugé indispensable, les représentants politiques ont intérêt à multiplier les actions de redistribution et à développer les équipements publics. Ce système peut marcher, estime Tullock, parce que le système politique fonctionne comme un marché segmenté dans lequel chaque groupe minoritaire est attentif aux satisfactions qu'il reçoit tout en restant relativement aveugle aux réalités globales (la croissance de l'État) induites par ces mécanismes de *log-rolling :* le système des majorités à 51 % ne fonctionne donc pratiquement pas dans la réalité (Tullock en conclut qu'il faut des majorités renforcées, aux deux tiers par exemple, pour éviter cet effet pervers du *log-rolling* et aboutir à des objectifs publics réellement conformes à ce que souhaite financièrement la majorité du corps électoral).

Parallèlement, le comportement des fonctionnaires est analysé dans les mêmes termes : « Les agents de l'État ont pour but principal de satisfaire leur propre utilité, c'est-à-dire de servir leurs intérêts personnels dans le cadre de certaines limites institutionnelles, et ensuite seulement se préoccupent de la politique que l'opinion attend d'eux. » C'est une autre façon d'approcher l'économie de la bureaucratie.

Références

James M. Buchanan et Gordon Tullock, *The Calculus of Consent*, Ann Arbor, University of Michigan Press, 1962.

Allen H. Meltzer and Scott F. Richard, « Why Government Grows (and Grows) in a Democracy » *The Public Interest*, n° 51, été 1978.

Gordon Tullock, *Le Marché politique, analyse économique des processus politiques*, Paris, Economica, 1978 (trad. française).

Pour une présentation générale de l'école du *public choice*, se référer à *Theory of Public Choice, Political Application of Economics*, ed. James M. Buchanan et Robert D. Tollison, Ann Arbor, University of Michigan Press, 1972. Certains aspects de cette école ont été présentés par H. Lepage, *Demain le libéralisme*, Paris, Livre de poche, « Pluriel », 1980.

André Vianès, « Marché politique et stratégies dérégulatrices », in *État et régulations*, Lyon, PUL, 1980, montre bien comment la théorie du marché politique et des *government failures* présente l'inconvénient de ne pas être réversible : elle ne permet pas de rendre compte des politiques actuelles de dérégulation. L'ensemble de l'ouvrage collectif dans lequel est insérée cette contribution aborde beaucoup de problèmes recensés dans cette annexe.

Fiche 9
L'efficacité sociale de l'État-providence

Diverses critiques, venues de bords opposés, convergent aujourd'hui pour dénoncer la faible efficacité sociale de l'État-providence, voire même sa contre-productivité.

● C'est IVAN ILLICH qui a forgé le concept de **contre-productivité** des équipements collectifs et des grandes institutions sociales : la médecine hypersophistiquée finit par rendre malade, l'école désapprend, la « vitesse généralisée » ne progresse pas alors même que les moyens de transport sont de plus en plus rapides. Pour Illich, cette contre-productivité ne caractérise pas seulement le secteur public, mais l'ensemble de nos structures économiques qui sont fondées sur le développement d'un mode de production hétéronome (c'est sur ce point que son approche diverge radicalement de ceux qui critiquent l'État-providence au nom de l'efficacité supérieure du marché). La contre-productivité est pour lui « une composante inévitable des institutions modernes ». La lutte contre les inégalités ne saurait donc passer par une multiplication de ces grandes institutions contre-productives, elle implique au contraire un certain resserrement de l'espace social permettant la production de valeurs d'usage immédiatement « consommées » par ceux qui les produisent et liées à des besoins « réels ». Il prône ainsi le développement d'un **mode de production autonome.**

Dans une optique voisine de celle d'Illich, qui affirme que « la contre-productivité est une espèce neuve de déception qui naît de l'usage même de la chose achetée », ALBERT O. HIRSCHMAN estime que la crise actuelle de l'État-providence provient d'une détérioration rapide de la qualité des biens offerts. C'est cette baisse de qualité qui explique le mécontentement de l'opinion (l'éducation est un exemple type de ce phénomène à ses yeux). Hirschman définit ainsi un *output elasticity of quality* de l'État-providence. Il reprend également la thèse de Fred Hirsch, selon lequel les limites sociales de la croissance ne viennent pas seulement de la réticence des plus nantis à s'acquitter d'impôts croissants mais également de ceux qui reçoivent l'aide du *Welfare state :* les biens qu'il produit le sont sur une échelle tellement large que ceux qui en bénéficient ne trouvent plus une « distinction » suffisante dans le fait de les acquérir (cette théorie des *positional goods* a surtout été développée à propos de l'offre d'enseignement, et notamment d'enseignement supérieur).

● Mais les critiques les plus vigoureuses de l'efficacité de l'État-providence sont celles qui traitent de **l'inefficacité des actions redistributrices.** De nombreux travaux ont été publiés sur ce thème aux États-Unis. Mais, alors que ces travaux provenaient il y a dix ans des « économistes radicaux » qui critiquaient l'insuffisante contribution du *welfare state* à la réduction des inégalités, ils sont aujourd'hui principalement le fait de « néo-libéraux » conservateurs.

L'argument central de toute cette littérature consiste à montrer que **les programmes sociaux les plus importants profitent essentiellement aux classes moyennes.** C'est par exemple le diagnostic que fait l'ultra-conservateur William E. Simon, l'ancien secrétaire d'État au Trésor de Nixon. Après avoir analysé en détail les raisons de la faillite financière de la ville de New York, il conclut : « La source la plus importante de ses problèmes n'est pas la générosité envers les pauvres et les opprimés, mais le fait qu'elle cherche à subventionner une grande partie des classes moyennes, y compris ses propres employés. » Conclusion logique : il serait plus juste et plus efficace d'opérer de vastes coupes claires dans les budgets sociaux et d'assister financièrement ceux qui sont « réellement pauvres » (notion peu facile à cerner dans la mesure où Simon ne manque pas de dénoncer les « pauvres oisifs » et les « faux chômeurs »).

Toute cette littérature se fonde sur des chiffres qui ne manquent pas de force, mais elle repose sur une conception fort traditionnelle d l'assistance qui est en contradiction radicale avec la philosophie classique de l'État-providence. Elle se dégrade fréquemment en une vulgaire apologie des vertus du capitalisme.

Références

Pour Ivan Illich, consulter principalement le chapitre III de *Némésis médicale,* Paris, Éd. du Seuil, 1975, et *le Travail fantôme,* Paris, Éd. du Seuil, 1981.

Fred Hirsch, *The Social Limits to Growth,* New York, 1976.

Albert O. Hirschman, « L'État-providence en difficulté : crise de système ou douleurs de croissance », *Le débat,* décembre 1980. Cf. également Philippe Bénéton, « Biens collectifs, désertion, protestation et effets pervers », *Analyses de la SEDEIS,* n° 2/janvier 1978.

William E. Simon, *L'Heure de la vérité; halte aux dépenses publiques,* Paris, Economica, 1981 (trad. française). Sur ce thème, cf. également Roger Freeman, *The Growth of American Government : a Morphology of the Welfare State,* Hoover Institution Press, 1976, R. Rose et R.E. Wagner, *Can Government Go Bankrupt?,* New York, Basic Books, 1978, et N. Glazer, *Affirmative Discrimination, Ethnic Inequality and Public Policy,* New York, Basic Books, 1977.

Fiche 10
Les théories néo-libérales de la justice
(bibliographie commentée)

● Le livre de John Rawls, *A Theory of Justice*, Oxford, Clarendon Press, 2e ed., 1972, a été à l'origine d'un très important débat philosophique et économique aux États-Unis (traduction française aux Éditions du Seuil en 1984).

On trouvera une présentation générale des « nouveaux contractualistes » (Rawls, Buchanan, Nozick) dans Scott Gordon, « The New Contractarians », *Journal of Political Economy*, n° 84, 1976.

Cf. également M. Yaari, « Rawls, Edgeworth, Shapley, Nash : Theories of Distributive Justice Re-examined », in *Journal of Economic Theory*, vol. 24, 1981.

Ronald Dworkin, *Taking Rights Seriously*, Londres, Duckworth, 1977. La tête pensante de la philosophie libérale du droit commente de façon positive Rawls (cf. chap. VI).

C. B. Macpherson, *Democratic Theory : Essays in Retrieval*, Oxford, UP, 1973, présente une bonne critique d'inspiration marxiste de Rawls (voir le chap. IV) accusé de myopie sociologique.

Robert Paul Wolf, *Understanding Rawls. A Reconstruction and Critique of « A Theory of Justice »*, Princeton, Princeton UP, 1977, a l'avantage de présenter de façon très claire les thèses de Rawls dont l'ouvrage est souvent difficile à lire. Il fait également le point sur toute l'énorme littérature suscitée par ce livre entre 1971 et 1976.

H. G. Blocker et E. H. Smith, *John Rawl's Theory of Social Justice, an introduction*, Ohio University Press, 1980, constitue la mise au point la plus récente.

● Sur la conception libérale de la justice commutative, se reporter aux auteurs classiques et notamment à Adam Smith, *Lectures on Jurisprudence*, éd. R. L. Meek, D. D. Raphael et P. G. Stein, Oxford, Clarendon Press, 1978 (nouvelle édition qui rassemble les deux manuscrits qui existent du texte). Cf. également J. S. Mill, *Principes d'économie politique*, Paris, 2 vol. (trad. française), et Henri Sidgwick, *The Principles of Political Economy*, Londres, 1883, et *The Method of Ethics*, Londres, 1901 (économiste anglais de la fin du XIXᵉ siècle qui constitue la transition entre J. S. Mill et Marshall; il représente un chaînon essentiel de la pensée utilitariste).

Cf. également, parmi les auteurs contemporains, F. A. Hayek, *The Constitution of Liberty*, *op. cit.*, et surtout *Law, Legislation and Liberty*, vol. II, *The Mirage of Social Justice*, Chicago et Londres, 1976. A signaler un bon article de synthèse de Coldwell Daniel III, « La compatibilité du laissez-faire et de la justice distributive », trad. française in *Problèmes économiques* du 16 juillet 1980.

● Dans une perspective plus philosophique, cf. C. Castoriadis, « Valeur, égalité, justice, politique : de Marx à Aristote et d'Aristote à nous », *Textures*, nᵒˢ 12-13, 1975, repris in *les Carrefours du labyrinthe*, Paris, Éd. du Seuil, 1978, p. 249-316.

3. Données sur les prélèvements obligatoires

Fiche 11
Les prélèvements obligatoires dans les pays occidentaux

• Les statistiques de l'OCDE permettent de comparer la part des prélèvements obligatoires en pourcentage du PIB dans les principaux pays occidentaux.

ÉVOLUTION DES TAUX DES PRÉLÈVEMENTS OBLIGATOIRES

Source : *OCDE*

PAYS	TAUX (en % du PIB)				
	1965	1970	1975	1980	1988
Suède	35,4	40,2	43,9	49,4	55,5
Pays-Bas	33,2	37,6	43,7	45,8	48,0
France	34,5	35,1	36,9	41,7	44,3
Allemagne	31,6	32,9	35,7	38,0	37,4
Royaume-Uni	30,4	37,0	35,7	35,3	37,7
Japon	18,3	19,7	20,9	25,5	30,2
États-Unis	25,9	29,2	29,0	29,5	30,0

STRUCTURE DES PRÉLÈVEMENTS OBLIGATOIRES PAR CATÉGORIE DE PRÉLÈVEMENT DANS QUELQUES PAYS DE L'OCDE

Source : *OCDE, 1988*

PAYS	IMPÔTS SUR LE REVENU	IMPÔTS SUR LE BÉNÉFICE DES SOCIÉTÉS	COTIS. DE SÉCURITÉ SOCIALE	IMPÔTS SUR LES SALAIRES	IMPÔTS SUR LE PATRIMOINE	IMPÔTS SUR LA CONSOM.	AUTRES IMPÔTS	TOTAL DES RECETTES FISCALES
France	**12,7**	**5,2**	**43,0**	**1,9**	**4,7**	**29,3**	**3,2**	**100,0**
Pays-Bas	19,7	7,7	42,7		3,6	26,0	0,3	100,0
Espagne	21,3	6,7	36,2		3,7	30,4	1,7	100,0
Japon	24,0	22,9	28,6		11,2	12,9	0,4	100,0
Italie	26,3	10,5	34,3	0,5	2,6	26,4	-0,6	100,0
Royaume-Uni	26,6	10,6	18,1		13,2	31,4	0,1	100,0
Allemagne	29,0	5,0	37,3		3,2	25,4	0,1	100,0
États-Unis	36,2	8,1	28,8		10,2	16,7		100,0
Suède	37,2	4,1	24,2	4,5	5,7	24,1	0,2	100,0
Canada	38,7	8,0	13,3		9,2	28,9	1,9	100,0
Danemark	49,2	4,5	3,7	0,7	5,1	33,9	2,9	100,0
OCDE	30,7	7,9	24,3	1,0	5,5	30,3	n. s.	100,0
CEE	26,3	7,4	29,2	0,5	4,5	32,5	n. s.	100,0

Cinq pays européens – la Suède, la Norvège, le Danemark, la Belgique et les Pays-Bas – ont une pression fiscale et sociale plus élevée que celle de la France. Elle représente entre 48 % et 55 % du PIB de ces pays.

La répartition de ces prélèvements varie considérablement d'un pays à l'autre si on les décompose entre cotisations de sécurité sociale et impôts, et si l'on distingue les trois grandes catégories d'impôts : sur les revenus et les bénéfices; sur les biens et services (TVA, taxes sur des produits particuliers comme l'alcool, l'essence, le tabac, etc.); sur le patrimoine (droits de mutation, impôts sur le capital).

Dans les pays anglo-saxons et scandinaves (Australie, Canada, États-Unis, Suède, Royaume-Uni) et au Japon, les impôts sur le revenu constituent la source la plus importante de recettes. Cela correspond à une fiscalisation totale ou partielle des systèmes de sécurité sociale. En Espagne, en France, en Allemagne, en Italie et aux Pays-Bas, la part des recettes constituées par les cotisations sociales est nettement supérieure à la moyenne constatée dans les pays de l'OCDE. D'autres pays, comme l'Autriche, la Grèce, l'Irlande, le Portugal, ont surtout recours aux impôts sur les biens et services.

Fiche 12

Les prélèvements obligatoires en France

(éléments bibliographiques)

Le rapport du IXᵉ Plan, *Protection sociale* (Paris, La Documentation française, 1989), rassemble les principales données sur la protection sociale et les prélèvements obligatoires en France. Pour plus de détails, outre les Comptes annuels de la nation et la synthèse *Données sociales* de l'INSEE, consulter le *Rapport 1990* de la Commission des comptes de la Sécurité sociale (un nouveau rapport est publié chaque année).

En matière de santé, voir les *Comptes nationaux de la santé 1988-1989-1990* (Paris, La Documentation française, 1991) ainsi que l'ouvrage de A. et A. Mizrahi et S. Sandier, *Le Système de santé en France de 1950 à 1989* (Paris, CREDES, 1991).

Sur l'assurance-vieillesse, consulter le *Livre blanc sur les retraites* (Paris, La Documentation française, 1991) ainsi que le numéro spécial d'*Économie et statistique*, « L'avenir des retraites » (nº 233, juin 1990).

Pour une comparaison européenne, se reporter au *Mémento des retraites dans la CEE* (Paris, Comité européen de réflexion sur les retraites, 1990).

Sur l'effet de redistribution de l'État-providence, il n'existe pas de travaux totalement satisfaisants et exhaustifs. Se reporter néanmoins à une étude ancienne du CREDOC, *Les Effets redistributifs des finances publiques en 1965-1970, Consommation*, nº 3, 1978, qui met en lumière certains « effets pervers » de l'appareil de redistribution et de transferts sociaux. On trouvera également des indications dans le rapport du CERC, *Les Français et leurs revenus – le tournant des années 1980* (Paris, La Documentation française – La Découverte, 1989).

Table

Du même auteur

AUX MÊMES ÉDITIONS

L'Âge de l'autogestion
« Points Politique » n° 80, 1976

Pour une nouvelle culture politique
(en collab. avec Patrick Viveret)
« Intervention », 1977

Le Capitalisme utopique
Histoire de l'idée de marché
« Sociologie politique », 1979
et « Points Politique » n° 134, nouvelle édition, 1989
et « Points Essais » n° 385, 1999

Misère de l'économie
1983

L'État et les pouvoirs
(en collab. avec Jacques Le Goff et al.*)*
« L'Univers historique », 1989

L'État en France
De 1789 à nos jours
« L'Univers historique », 1990
et « Points Histoire » n° 172, 1993

La Pensée politique
(direction en collab. avec Marcel Gauchet et Pierre Manent)
Seuil / Gallimard, « Hautes études », 3 vol., 1993-1995

La Nouvelle Question sociale
Repenser l'État-providence
1995
et « Points Essais » n° 359, 1998

Le Nouvel Âge des inégalités
(en collab. avec Jean-Paul Fitoussi)
1996
et « Points Essais » n° 376, 1998

Pour une histoire conceptuelle du politique
2003

Le Modèle politique français
La société civile contre le jacobinisme de 1789 à nos jours
2004
et « Points Histoire » n° 354, 2006

La Contre-Démocratie
La politique à l'âge de la défiance
2006
et « Points Essais » n° 598, 2008

La Légitimité démocratique
Impartialité, réflexivité, proximité
2008
et « Points Essais » n° 641, 2010

La Société des égaux
2011
et « Points Essais » n° 707, 2013

Refaire société
(direction)
« La République des idées », 2011

Le Parlement des invisibles
« Raconter la vie », 2014

CHEZ D'AUTRES ÉDITEURS

Le Moment Guizot
Gallimard, « Bibliothèque des sciences humaines », 1985

Histoire de la civilisation en Europe (1828)
suivi de
Philosophie politique : De la Souveraineté (1823)
de François Guizot
(édition)
Hachette, « Pluriel », 1985

La Question syndicale
Histoire et avenir d'une forme sociale
Calmann-Lévy, « Liberté de l'esprit », 1988
Hachette, « Pluriel », nouvelle édition, 1990

La République du centre
La fin de l'exception française
(en collab. avec François Furet et Jacques Julliard)
Calmann-Lévy, « Liberté de l'esprit », 1988
Hachette, « Pluriel », nouvelle édition, 1989

Le Sacre du citoyen
Histoire du suffrage universel en France
Gallimard, « Bibliothèque des histoires », 1992
et « Folio histoire », 2001

La Monarchie impossible
Histoire des Chartes de 1814 et 1830
Fayard, « Histoire des constitutions de la France », 1994

Le Peuple introuvable
Histoire de la représentation démocratique en France
Gallimard, « Bibliothèque des histoires », 1998
et « Folio histoire », 2002

France : les révolutions invisibles
(en collab. avec Daniel Cohen et al.*)*
Calmann-Lévy, 1998

La Démocratie inachevée
Histoire de la souveraineté du peuple en France
Gallimard, « Bibliothèque des histoires », 2000
et « Folio histoire », 2003

Science et démocratie
Actes du colloque au Collège de France
les 17 et 18 octobre 2013
(direction)
Odile Jacob, « Collège de France », 2014

IMPRESSION : NORMANDIE ROTO IMPRESSION S.A.S. À LONRAI
DÉPÔT LÉGAL : OCTOBRE 2015. N° 128047-2 (1601234)
IMPRIMÉ EN FRANCE